WELT DER ZAHL

3

Herausgegeben von
Prof. Dr. Hans-Dieter Rinkens
Kurt Hönisch

Die Länderausgabe wurde erarbeitet von
Uwe Geisler, Dreieich · Kurt Hönisch, Frankenberg · Ilona-Barbara Kuhl, Koblenz
Anette Schäfers-Zell, Rüdesheim · Katrin Schneider, Dreieich
Unter Beratung von
Petra Brendel, Mühlheim a.M. · Christine Ebert-Herrlich, Neu-Anspach
Arnold Gierten, Prüm · Kerstin Menke, Korbach

Schroedel

Inhaltsverzeichnis

In Paule Puhmanns Paddelboot,
da paddeln wir auf See.
Wir paddeln um die halbe Welt,
a-lo-ha-ho-ha-hee!
Guten Tag, auf Wiederseh'n.

1 Die Reise startet in 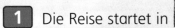.

2 In a) ____, da winkte uns
die b) _____ zu.
Die fragte: „Darf ich mit euch mit?"
„Na klar, was denkst denn du!"
Bom Dia, Adeus!
Guten Tag, auf Wiederseh'n.

3 In a) ____ war es furchtbar heiß,
da stieg der b) _____ zu.
Der brachte Apfelsinen mit,
die aßen wir im Nu.
Buenos dias, hasta la vista!
Guten Tag, auf Wiederseh'n.

1

88 + 8 = 96 D
36 + 6 = ___ ___
90 + 9 = ___ ___
49 + 7 = ___ ___
74 + 4 = ___ ___
95 + 5 = ___ ___
18 + 6 = ___ ___
39 + 1 = ___ ___
28 + 8 = ___ ___
58 + 5 = ___ ___
87 + 9 = ___ ___

2

a) 100 + 8   b) 26 + 10
18 + 10   33 + 30
34 + 30   50 + 40
26 + 30   20 + 60
49 + 50   22 + 20
30 + 40   10 + 30
16 + 20   30 + 6
40 + 0

3

a) 20 + 28   b) 58 + 50
98 + 10   30 + 12
10 + 26   56 + 40
23 + 40   50 + 14
15 + 30   10 + 18
20 + 22
10 + 53

7 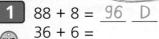 Zahlenrätsel

b) Meine Zahl ist um 30 größer als 42.

a) Meine Zahl ist um 10 größer als 44.

c) Meine Zahl ist um 16 größer als 20.

d) Wenn du zu meiner Zahl 10 addierst, erhältst du 100.

e) Wenn du meine Zahl zu __ addierst, erhält__ du 50.

4 Und in a) [____] war'n wir auch,
da kam die b) _____.
Die brachte Tintenfische mit
auf einem großen Teller.
Buon giorno, Arrivederci!
Guten Tag, auf Wiederseh'n.

5 Und rund um den Olivenbaum,
da tanzten wir im Sand.
Wir nahmen den Wasili mit,
das [____]
war in [____].
Kalimera, jassu, jassu!
Guten Tag, auf Wiederseh'n.

6 Dann fuhr'n wir weiter über's Meer,
bis hin [____]
in die a) [____].
Von da an war'n auch b) _____ und
die Ayse mit dabei.
Merhaba, güle, güle!
Guten Tag, auf Wiederseh'n.

Text: Fredrik Vahle

a)	b)
52 – 7	66 – 6
65 – 9	41 – 5
44 – 8	73 – 9
12 – 9	54 – 9
51 – 6	70 – 7
45 – 3	50 – 8
12 – 5	48 – 8
	40 – 0
	40 – 4

5
100 – 30
84 – 20
85 – 40
55 – 50
100 – 0
32 – 30
92 – 50
93 – 30
100 – 60
14 – 10
87 – 80
96 – 0

6
a)	b)
86 – 30	66 – 30
91 – 10	84 – 60
74 – 10	90 – 30
94 – 10	62 – 20
65 – 60	96 – 40
79 – 70	

f) Meine Zahl ist um 8 kleiner als 53.

g) Meine Zahl ist um 20 kleiner als 38.

h) Meine Zahl ist um 50 kleiner als 77.

i) Wenn du von meiner Zahl 11 subtrahierst, erhältst du 70.

Alle Ergebnisse gehören zur Neuner-Reihe. Eine Zahl der Neuner-Reihe fehlt. Findest du ein Zahlenrätsel dazu?

Addieren zweistelliger Zahlen

1
| a) 24 + 26 | b) 29 + 53 | c) 48 + 32 | d) 24 + 28 | e) 55 + 35 | f) 69 + 17 |
| 46 + 46 | 23 + 23 | 55 + 19 | 47 + 28 | 33 + 24 | 39 + 25 |

46   50   52   57   64   68   74   75   80   82   86   90   92

2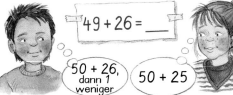

a) 49 + 26	b) 59 + 17	c) 24 + 69
49 + 35	39 + 44	18 + 69
29 + 26	39 + 28	17 + 79
39 + 55	19 + 62	12 + 89
79 + 14	29 + 54	49 + 49

3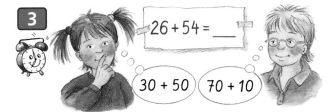

a) 26 + 54	b) 36 + 54	c) 75 + 15
37 + 23	49 + 31	42 + 28
28 + 32	45 + 25	36 + 34
32 + 48	13 + 47	27 + 63
14 + 36	22 + 58	44 + 26

4 Hier haben sich Kinder versteckt. Wie heißen sie?

a) 49 + 35	b) 69 + 30	c) 38 + 18	d) 56 + 28
27 + 18	37 + 19	15 + 13	19 + 17
23 + 37	45 + 45	24 + 36	28 + 17

5 Erst schauen, 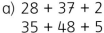 dann rechnen.

a) 28 + 37 + 2	b) 34 + 34 + 16	c) 26 + 29 + 14	d) 33 + 37 + 29
35 + 48 + 5	23 + 27 + 30	32 + 27 + 13	24 + 42 + 26
59 + 11 + 6	37 + 45 + 13	29 + 14 + 46	15 + 38 + 22
35 + 42 + 8	68 + 26 + 12	26 + 24 + 31	48 + 12 + 14

65   67   69   72   74   75   76   80   81   84   85   88   89   92   95   99   106

6 In jedem Waggon ist eine Zahl der Fünfer-Reihe versteckt.

a) Die Zahl ist um 34 größer als 11.

b) Die Zahl ist um 16 größer als 19.

c) Die Zahl ist um 17 größer als 23.

d) Die Zahl ist das Doppelte von 25.

Weitere Übungen Seite 130

6

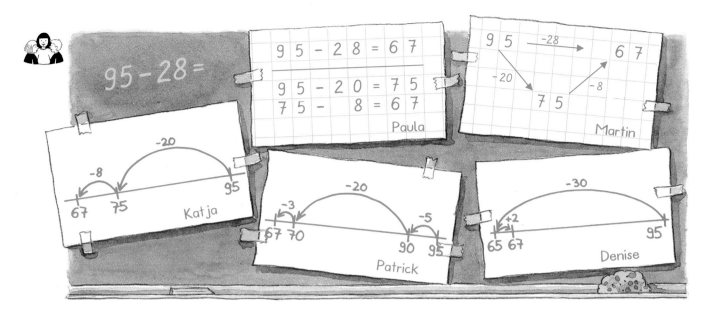

1 a) 76 – 49   b) 57 – 27   c) 74 – 39   d) 62 – 37   e) 94 – 72   f) 67 – 48
     94 – 61   82 – 56   51 – 22   96 – 68   95 – 59   68 – 34

19   22   25   26   27   28   29   30   31   33   34   35   36

2

57 – 27 = ___

50 – 20

a) 57 – 27   b) 86 – 76   c) 95 – 35
   63 – 23   44 – 24   73 – 23
   98 – 48   81 – 51   89 – 49
   74 – 14   92 – 52   68 – 38
   38 – 18   77 – 37   55 – 25

3

76 – 29 = ___

76 – 30,
dann 1 mehr

a) 76 – 29   b) 68 – 19   c) 65 – 39
   97 – 49   96 – 39   84 – 69
   44 – 19   36 – 19   93 – 89
   58 – 39   83 – 49   71 – 49
   82 – 29   95 – 59   88 – 79

4 Alle Ergebnisse eines Päckchens gehören zu derselben Einmaleinsreihe.

a) 93 – 69   b) 76 – 69   c) 73 – 48   d) 45 – 29   e) 36 – 18   f) 63 – 39
   84 – 54   70 – 56   47 – 27   91 – 73   86 – 59   81 – 54
   72 – 36   79 – 58   84 – 69   55 – 35   83 – 47   72 – 42

5 a) 35 – 4   b) 54 – 6   c) 58 – 20   d) 49 – 21
   35 + 4   54 + 6   58 + 20   49 + 21

Vergleiche die Ergebnisse.
Was fällt dir auf?

e) 36 – 35   f) 64 – 15   g) 49 – 49   h) 46 – 44
   36 + 35   64 + 15   49 + 49   46 + 44

0   1   2   12   28   31   38   39   48   49   60   70   71   78   79   90   98

6 In jedem gelben Waggon ist eine Zahl der Vierer-Reihe versteckt.

a) Die Zahl ist um 24 kleiner als 64.

b) Die Zahl ist um 29 kleiner als 53.

c) Die Zahl ist um 58 kleiner als 94.

d) Die Zahl ist halb so groß wie 64.

Erfinde selbst Zahlenrätsel zur Sechser-Reihe.

Weitere Übungen Seite 130

Umkehraufgabe

1 Zahline kauft ein Buch für 12 €.
Nun hat sie noch 28 €.
Wie viel Euro hatte sie vorher?

Aufgabe

vorher nachher

_____ € $\xrightarrow{-12\,€}$ $\xleftarrow{+12\,€}$ 28 €

Umkehraufgabe

2 a) Elke kauft einen Ball für 14 €.
Nun hat sie noch 36 €.

b) Alexander kauft für 25 € ein.
Nun hat er noch 40 €.

3 Löse mit der Umkehraufgabe.

a) ___ $\xrightarrow{-13}$ 42 b) ___ $\xrightarrow{-9}$ 27 c) ___ $\xrightarrow{-27}$ 23 d) ___ $\xrightarrow{-83}$ 2

___ $\xrightarrow{-15}$ 59 ___ $\xrightarrow{-16}$ 16 ___ $\xrightarrow{-38}$ 18 ___ $\xrightarrow{-11}$ 1

12   23   32   36   50   55   56   74   85

4 a) Tobias erhält von seiner Tante 15 €. Nun hat er 32 €.

b) Sylvia erhält von ihrem Onkel 25 €. Nun hat sie 41 €.

c) Thomas bekommt 3 € für das Autowaschen.
Er kauft ein Buch für 12 €. Am Ende hat er 17 €.

Vorher?

5

oben immer _____ mehr

25 15 10 5   10 6   10 7   10 8   50 10

6

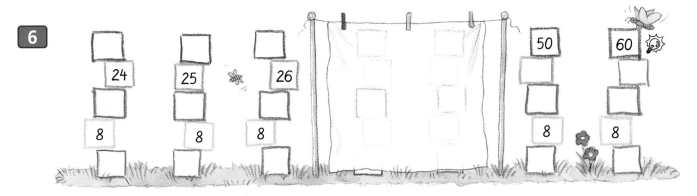

24 8   25 8   26 8   50 8   60 8

7 Rechentürme mit der Null

50 25 25 0 25   0 33   33 0   18 0   50 0   50 0

Ergänzen oder abziehen?

Basset „Töffel"

37 cm

Bernhardiner „Max"

65 cm

Zwergschnauzer „Tristan"

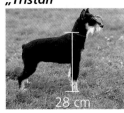

28 cm

Chihuahua „Herkules"

21 cm

1
a) Wie groß ist Max?
b) Wie groß sind die anderen Hunde?

2
a) Max ist viel größer als Töffel. Berechne den Unterschied.
b) Max ist auch größer als Tristan.

65 cm $\xrightarrow{-\ 37\ cm}$ ___

3 Tristan ist größer als Herkules. Berechne den Unterschied.

21 cm $\xrightarrow{+}$ 28 cm

4 Vergleiche auch die anderen Hunde ihrer Größe nach.

5 Berechne den Unterschied durch Ergänzen oder Abziehen.

a)
62	57	88	59
U ___	U ___	U ___	U ___
68	63	94	54

b)
58	72	86	70
U ___	U ___	U ___	U ___
51	65	79	59

6

a)
30	56	73	39
U ___	U ___	U ___	U ___
6	9	10	8

b)
5	8	4	7
U ___	U ___	U ___	U ___
52	76	34	99

7

Zahlenmauer

a)
17	20	23
10	7	13

b)
14		26
6	12	

c)
23		37
16		34

d)

27	15	23
	9	

Finde noch mehr Zahlenmauern zur 99.

8

a)

99
40
40
36

b)
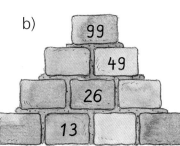
99
49
26
13

c)

99
43
37
1

⑦ ⑧ Zahlenmauer-Regel: Zwei benachbarte Zahlen addieren, das Ergebnis in der Mitte darüber notieren

Multiplizieren

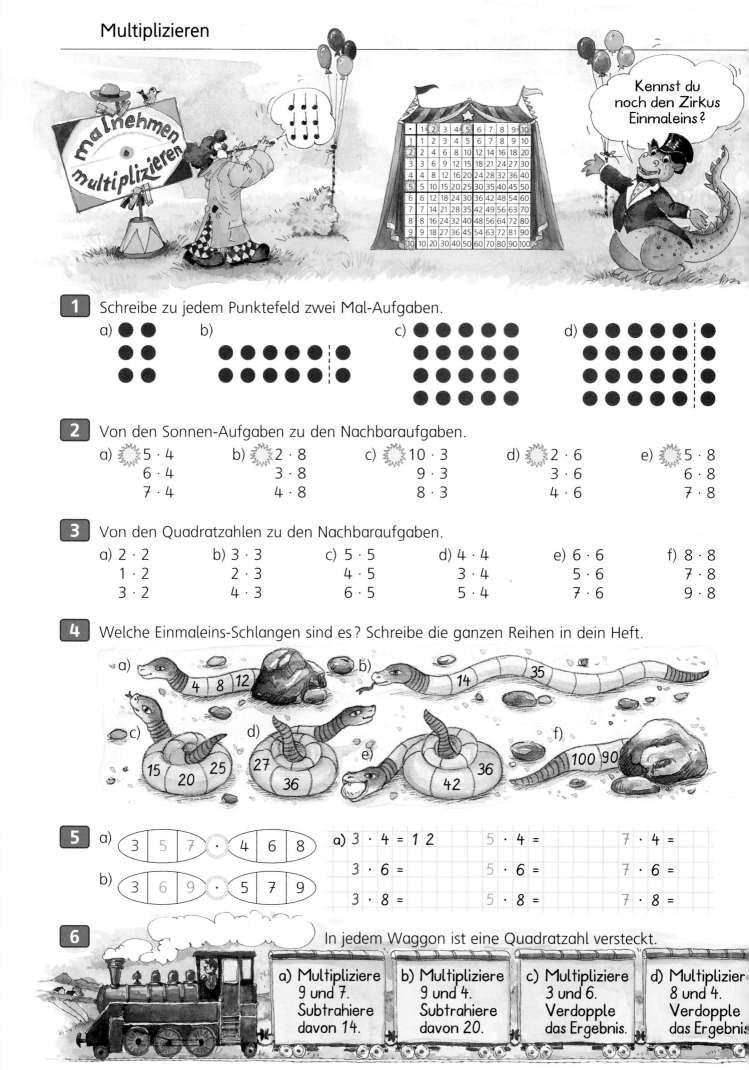

1 Schreibe zu jedem Punktefeld zwei Mal-Aufgaben.

a) b) c) d)

2 Von den Sonnen-Aufgaben zu den Nachbaraufgaben.

a) 5 · 4   b) 2 · 8   c) 10 · 3   d) 2 · 6   e) 5 · 8
   6 · 4   3 · 8   9 · 3   3 · 6   6 · 8
   7 · 4   4 · 8   8 · 3   4 · 6   7 · 8

3 Von den Quadratzahlen zu den Nachbaraufgaben.

a) 2 · 2   b) 3 · 3   c) 5 · 5   d) 4 · 4   e) 6 · 6   f) 8 · 8
   1 · 2   2 · 3   4 · 5   3 · 4   5 · 6   7 · 8
   3 · 2   4 · 3   6 · 5   5 · 4   7 · 6   9 · 8

4 Welche Einmaleins-Schlangen sind es? Schreibe die ganzen Reihen in dein Heft.

a) 4 8 12
b) 14 35
c) 15 20 25
d) 27 36
e) 42 36
f) 100 90

5 a) 3 5 7 · 4 6 8
   b) 3 6 9 · 5 7 9

a) 3 · 4 = 1 2   5 · 4 =   7 · 4 =
   3 · 6 =   5 · 6 =   7 · 6 =
   3 · 8 =   5 · 8 =   7 · 8 =

6 In jedem Waggon ist eine Quadratzahl versteckt.

a) Multipliziere 9 und 7. Subtrahiere davon 14.

b) Multipliziere 9 und 4. Subtrahiere davon 20.

c) Multipliziere 3 und 6. Verdopple das Ergebnis.

d) Multiplizier 8 und 4. Verdopple das Ergebnis.

Dividieren

$18 : 6 =$ ____
Es gibt ____ Kinderpyramiden.

1 Schreibe auch die Mal-Aufgabe.

a) 20 : 4	b) 15 : 5	c) 18 : 6	d) 14 : 7	e) 27 : 9	f) 24 : 8
24 : 4	35 : 5	36 : 6	28 : 7	36 : 9	56 : 8
28 : 4	45 : 5	54 : 6	56 : 7	63 : 9	72 : 8

2

a) $\xrightarrow{\cdot 3}$

3	
	15
	21

b) $\xrightarrow{\cdot 4}$

6	
	32
10	

c) $\xrightarrow{\cdot 6}$

	12
	24
6	

d) $\xrightarrow{\cdot 7}$

5	
	42
11	

e) $\xrightarrow{\cdot 9}$

0	
	9
	90

0   1   2   4   5   6   7   8   9   10   16   24   35   36   40   77

3 Wie heißen die Zirkuskinder?

a) 9 : 9
   63 : 7
   56 : 8
   24 : 6

b) 72 : 8
   35 : 5
   45 : 9
   18 : 3

c) 10 : 10
   36 : 4
   80 : 8
   16 : 2

d) 27 : 9
   35 : 7
   64 : 8
   28 : 4

4 Alle Ergebnisse gehören zu derselben Einmaleinsreihe.

a) 18 : 9 + 5   b) 50 + 48 : 8   c) 29 – 16 : 2
   42 : 7 + 8   55 + 72 : 9   47 – 45 : 9
   21 : 3 + 21   60 + 80 : 8   44 – 36 : 4

> **Punktrechnung geht vor Strichrechnung.**

5 Im Quadratzahl-Zug fehlt noch ein Waggon. Findest du ein Zahlenrätsel dazu?

a) Dividiere 27 durch 3. Multipliziere noch mit 9.	b) Dividiere 40 durch 5. Halbiere das Ergebnis.	c) Dividiere 27 durch 9. Verdreifache das Ergebnis.	d) Dividiere 56 durch 7. Subtrahiere davon 7.	e) Dividiere 72 durch 8. Addiere noch 16.

Weitere Übungen Seite 130

Übungen zum Multiplizieren und Dividieren

1 Drei Zahlen im Kopf, vier Aufgaben im Bauch, das ist das Maldurch, das kannst du auch.

a)
$6 \cdot 7 = 42$ $42 : 7 = 6$
$7 \cdot 6 = 42$ _____

b)

c)

2 a)  b)  c)   d)  e)

3 Zur Maldurch-Familie 24 gehören Maldurchs mit der 24 im Mund.

4 Zur Maldurch-Familie 20 gehören drei Maldurchs. Findest du sie?

5 Zahlix mag auch dünne a) _____. Bei ihnen steht immer eine Quadratzahl im b) _____. Im Bauch stehen nur zwei c) _____.

a) $10 \cdot 6$
  $6 \cdot 6$
  $27 : 9$
  $12 \cdot 8$
  $11 \cdot 9$
  $8 \cdot 8$
  $10 \cdot 10$
  $8 \cdot 3$
  $6 \cdot 8$

b) $70 : 7$
  $9 \cdot 11$
  $7 \cdot 9$
  $8 \cdot 12$

c) $28 : 7$
  $11 \cdot 9$
  $9 \cdot 8$
  $10 \cdot 7$
  $36 : 9$
  $8 \cdot 10$
  $40 : 8$
  $56 : 8$

6 Schreibe alle dünnen Maldurchs auf, die du kennst.

7 Welches Maldurch ist es? Kannst du selbst Maldurch-Rätsel finden?

a) Ein Auge ist um 1 kleiner als das andere. Jm Mund steht eine Zahl zwischen 50 und 60.

b) Ein Auge ist halb so groß wie das andere. Jm Mund steht eine Zahl zwischen 30 und 40.

c) Beide Augen sind gleich. Die Zahl im Mund liegen zwischen 40 und 50.

Dividieren mit Rest

1 Schreibe die Zahlen von 18 bis 37 wie Zahline in dein Heft.

a) Zeichne hinter alle Zahlen der 2er-Reihe einen roten Strich.

b) Zeichne hinter alle Zahlen der 3er-Reihe einen blauen Strich.

c) Zeichne hinter alle Zahlen der 4er-Reihe einen grünen Strich.

d) Zeichne hinter alle Zahlen der 5er-Reihe einen gelben Strich.

Beginne auf einer leeren Seite.

1 8	1 9	2 0	2 1
2 2	2 3	2 4	2 5
2 6	2 7	2 8	2 9
3 0	3 1	3 2	3 3
3 4	3 5	3 6	3 7

2 Dividiere die Zahlen mit den grünen Strichen durch 4. Notiere die Aufgaben.

3 Dividiere alle Zahlen der ersten und zweiten Zeile durch 2. Was fällt dir auf?

$$18 : 2 = 9 \qquad 19 : 2 = 9 \text{ Rest } 1 \qquad 20 : 2 =$$

4 Dividiere alle Zahlen der ersten und zweiten Zeile durch 3. Welcher Rest bleibt?

5 Zahlix will alle Zahlen durch 4 dividieren und in Körbe sortieren. Hilf ihm!

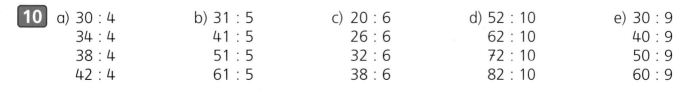

18 : 4 = 4 R 2

Rest 0   Rest 1   Rest 2   Rest 3

6 Welche Körbe brauchst du, wenn du alle Zahlen durch 5 (6) dividierst?

7 Schreibe alle Zahlen auf, die beim Dividieren durch 5 den Rest 2 ergeben.

8 Schreibe alle Zahlen auf, die beim Dividieren durch 7 den Rest 5 ergeben.

9 Schreibe alle Zahlen auf, die beim Dividieren durch 9 den Rest 8 ergeben.

10

a)	b)	c)	d)	e)
30 : 4	31 : 5	20 : 6	52 : 10	30 : 9
34 : 4	41 : 5	26 : 6	62 : 10	40 : 9
38 : 4	51 : 5	32 : 6	72 : 10	50 : 9
42 : 4	61 : 5	38 : 6	82 : 10	60 : 9

11 a)

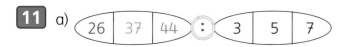

26 37 44 : 3 5 7

b) 68 79 83 : 7 8 9

1

a) Wie viele Mädchen sind in Lauras Klasse?

b) Wie viele Jungen sind in Lauras Klasse?

c) Sind in der Klasse 3b mehr oder weniger Mädchen als in Lauras Klasse?

d) Wie viele Jungen sind in der Klasse 4a?

e) Wie viele Mädchen sind in der Klasse 4b?

f) Sind in der Klasse 4c mehr oder weniger Jungen als in der Klasse 4b?

g) In welcher Klasse sind die meisten Mädchen?

h) In welcher Klasse sind die meisten Jungen?

i) In welchen Klassen gibt es mehr Mädchen als Jungen?

j) Wie viele Freundinnen hat Laura in ihrer Klasse?

2 a)

F: Wie viele Kinder sind in der Klasse 3a?

L: 9 Jungen, 1 4 Mädchen

$9 + 1\ 4 =$ ____

A: ____ Kinder sind in der Klasse 3a.

b)

3 a)

F: Wie viele Jungen …

L:

3a	3b	3c
9	1 3	1 3

____ + ____ + ____ = ____

b)

4 a)

F: Wie viele Jungen …

L: Jungen:
3a / 3b / 3c ____

4a / 4b / 4c ____

____ + ____ = ____

b)

5 Wie ist es an eurer Schule? Schreibt die Zahlen für die dritten und vierten Klassen auf.

6 Stellt euch gegenseitig weitere Fragen.

Das ist Jane. Sie ist acht Jahre alt. Sie geht in die Klasse 3 der Grundschule von Manningtree, England. Mit fünf Jahren kam sie in die Schule. Ein Jahr später kam sie in die Klasse 1.
Jeden Morgen zieht Jane ihre Schuluniform an. Um 8.00 Uhr geht sie mit ihrem Bruder Kevin zur Bushaltestelle. Der Bus bringt die Kinder zur Schule.
Kevin ist elf Jahre alt und besucht die Klasse 6. Er wird nach den Sommerferien in die High School wechseln.

> Lesen sollst du ganz genau, denn dann wirst du wirklich schlau!

1

a) Wie alt ist Jane zur Zeit?

b) Wie alt sind die englischen Kinder, wenn sie in die Schule kommen?

c) Wie alt war Jane, als sie in die Klasse 1 kam?

d) Wie alt ist Janes Bruder Kevin?

e) Wie viele Jahre gehen die englischen Kinder in die Grundschule?

So sieht Janes Stundenplan am Montag aus.

2

a) Um wie viel Uhr beginnt Janes Unterricht?

b) Um wie viel Uhr beginnt Janes Mittagspause.

c) Um wie viel Uhr endet für Jane der Unterricht?

3

F: Wie lange dauert die Mittagspause?

L: 12.15 Uhr $\xrightarrow{+\underline{\quad}\text{min}}$ 13.00 Uhr

13.00 Uhr $\xrightarrow{+\underline{\quad}\text{min}}$ 13.10 Uhr

A: _____ Minuten dauert die Mittagspause.

time	Monday
8.50 – 10.30	maths 3 ^{1} 2
	🍎🥪
10.45 – 12.15	english ✏️
	🍽️
13.10 – 15.05	science 🌼

4 **F**ragen – **L**ösen – **A**ntworten.
a) Wie lange dauert der Mathematikunterricht? b) Wie lange dauert der Englischunterricht?
c) Wie lange dauert der Biologieunterricht? d) Wie lang ist der ganze Schultag?

5 In Janes Schule gibt es drei Parallelklassen, die Klassen 3a, 3b und 3c.
Wie viele Kinder sind in jeder Klasse? 1 Kästchen bedeutet ein Kind.

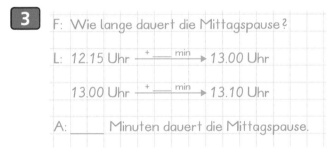

Klasse 3a

Klasse 3b

Klasse 3c

6 Zeichne ein Balkendiagramm für deine Klasse. Zeichne für ein Kind ein Kästchen.

1				☀		O		M
11								20
21	🌳				O			30
31								L
41			I		⚽			50
51								M
61				🌻				G
71		🎈						80
81				🚗				90
91								C

101			L	☀				
111				R				
121	🌳				N			
131		O						N
141				E	⚽			
151	N							D
161	I		🌻					
171	🎈	G						
181			🚗			H		
191		E						

1 Zahlix und Zahline lernen Englisch.
Was sagen sie zur Begrüßung?

| 70 | 135 | 28 | 160 |

| 60 | 135 | 117 | 153 | 45 | 128 | 175 | !

| 189 | 147 | 105 | 40 | 28 |

| 100 | 8 | 10 | 195 | | 162 | 140 | !

2 Zahlix hat auf einige Felder in beiden Hundertertafeln Bilder gemalt. Welche Felder sind es?

a) ☀ _____ b) 🌳 _____ c) ⚽ _____ d) 🌻 _____ e) 🎈 _____ f) 🚗 _____

_____ _____ _____ _____ _____ _____

3 a) Nenne deinem Partner eine Zahl zwischen 1 und 200. Er legt ein Plättchen auf das richtige Feld. Dann tauscht die Rollen.

b) Nun umgekehrt: Lege ein Plättchen auf ein Feld. Deine Partnerin sagt die richtige Zahl.

c) Lege ein Plättchen auf eine Zahl zwischen 1 und 100. Dein Partner legt ein Plättchen auf dasselbe Feld in der zweiten Hundertertafel. Wie heißen eure Zahlen?

4 Zeichne und trage die fehlenden Zahlen ein.
Achte auf die richtige Hundertertafel.

a)

171		

b)

	96	

c)

132		

one hundred
twenty
five

1 2 5

einhundert
fünfund
zwanzig

10 ten
20 twenty
30 thirty
40 forty
50 fifty
60 sixty
70 seventy
80 eighty
90 ninety
100 one hundred

5 Zeige in den Hundertertafeln und schreibe die Zahlen auf,

a) in denen mindestens eine 5 vorkommt,

b) in denen mindestens eine 9 vorkommt,

c) in denen zwei gleiche Ziffern vorkommen.

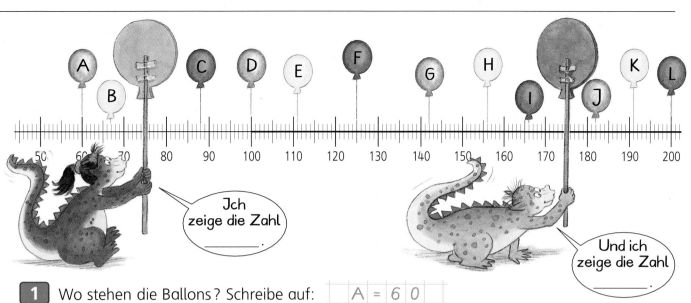

Jch zeige die Zahl _____ .

Und ich zeige die Zahl _____ .

1 Wo stehen die Ballons? Schreibe auf: | A = 6 0

2 Zähle und zeige am Zahlenstrahl.

a) 0, 20, 40, …, 200
10, 30, 50, …, 190
0, 30, 60, …, 180

b) 200, 180, 160, …, 0
190, 170, 150, …, 10
200, 170, 140, …, 20

c) 91, 93, 95, …, 109
88, 90, 92, …, 106
89, 92, 95, …, 110

3 Bestimme Vorgänger (V) und Nachfolger (N).

a)
V	Zahl	N
	1 4 3	
	7 9	
1 5 0		

b)
V	Zahl	N
	1 6 8	
	1 9 9	
		1 6 0

c)
V	Zahl	N
		1 0 0
	1 5 9	
1 0 9		

d)
V	Zahl	N
		2 0 1
1 6 4		
		1 2 1

4 Nach rechts werden die Zahlen am Zahlenstrahl immer größer, nach links werden die Zahlen immer kleiner. Zeige die Zahlen, dann setze ein: < oder > .

a) 65 ○ 74
78 ○ 87
92 ○ 82

b) 192 ○ 182
107 ○ 117
117 ○ 170

c) 143 ○ 134
122 ○ 119
165 ○ 156

d) 137 ○ 173
140 ○ 104
118 ○ 181

5 Wähle zwei Zahlen aus und vergleiche.

a) < 117 122 132 67 55 143

a) 5 5 < 1 3 2
<

b) < 89 135 109 98 63 170

c) < 109 107 97 117 190 79

6 Erst bis 100 und dann weiter.

a) 96 + 4
96 + 6
96 + 8
96 + 9

b) 95 + 5
95 + 6
95 + 7
95 + 8

c) 99 + 1
99 + 6
99 + 9
99 + 4

d) 98 + 2
98 + 5
98 + 8
98 + 9

7 Und über 200.
196 + 4
196 + 6
196 + 8
196 + 9

8 In großen Schritten über 100.

a) 80 + 10
80 + 20
80 + 30
80 + 40

b) 70 + 30
70 + 40
70 + 50
70 + 60

c) 60 + 20
60 + 40
60 + 60
60 + 80

d) 90 + 10
90 + 30
90 + 50
90 + 70

9 Und über 200.
180 + 10
180 + 20
180 + 30
180 + 40

☞ Weitere Übungen Seite 131

17

Zahlenmauer

Bilde Kettenaufgaben.

1
56 $\xrightarrow{+24}$ 84 $\xrightarrow{+16}$
80 $\xrightarrow{-16}$ 25 $\xrightarrow{+59}$ 100 $\xrightarrow{-15}$
64 $\xrightarrow{-39}$ 85 $\xrightarrow{-29}$

2
62 $\xrightarrow{+28}$ 66 $\xrightarrow{-26}$
90 $\xrightarrow{-63}$ 27 $\xrightarrow{+39}$ 40 $\xrightarrow{+61}$
101 $\xrightarrow{-10}$ 91 $\xrightarrow{-29}$

3
75 $\xrightarrow{+19}$ 45 $\xrightarrow{+29}$
94 $\xrightarrow{+10}$ 90 $\xrightarrow{-45}$ 74 $\xrightarrow{+26}$
104 $\xrightarrow{-14}$ 100 $\xrightarrow{-25}$

1 a) 88 / 36 / 13 7 9   b) 17 / 11 15 4

2 a) 25 33 / 22 12   b) 29 19 21 / 23

3 Findest du noch weitere Zahlenmauern zur 88?
88 / 44 / 39 / 37

Kugelbahn

Startzahlen: 2 3 4 6 7

1
a) START $\cdot 2$ $+4$ $:2$
b) START $\cdot 4$ -8 $:4$
c) START $\cdot 7$ -7 $:7$

a)
$\cdot 2 \rightarrow$ $+4 \rightarrow$ $:2 \rightarrow$
2   4

Mir fällt etwas auf!

2
a)	b)	c)	d)
9 + 4 · 4	8 · 9 − 6	36 : 6 + 35	27 − 36 : 4
3 + 8 · 7	7 · 7 − 6	42 : 7 + 56	31 + 56 : 8
16 + 10 · 8	7 · 8 + 18	45 : 9 + 42	66 − 72 : 9
27 − 3 · 9	6 · 6 − 29	64 : 8 + 74	48 + 48 : 6

0   7   18   25   38   40   41   43   47   56   58   59   62   66   74   82   96

2 Uhr
14 Uhr

1 Lies die Uhrzeiten ab.
Es gibt immer zwei Möglichkeiten.

a)   b)   c)   d)   e)

2 Lies auch diese Uhrzeiten ab.
Auch hier gibt es immer zwei Möglichkeiten.

 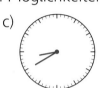   

a)   b)   c)   d)   e)   f)

Eine Stunde hat 60 Minuten.

3 Wie spät ist es in drei Stunden?

7. 1 0 Uhr — +3h → 1 0. 1 0 Uhr

a)   7.10 Uhr   b)   8.30 Uhr   c)   5.55 Uhr
12.40 Uhr   11.05 Uhr   13.49 Uhr
18.25 Uhr   19.45 Uhr   23.51 Uhr
6.15 Uhr   13.58 Uhr   9.37 Uhr

4 Wie viele Stunden und Minuten sind es?
a) von 15.00 Uhr bis 22.15 Uhr
b) von   6.30 Uhr bis 14.50 Uhr
c) von 19.20 Uhr bis 23.40 Uhr
d) von 13.40 Uhr bis 18.55 Uhr
e) von   2.30 Uhr bis   7.15 Uhr

A   C   E   F   G
B   D   G

80   90   100   110   120   130   140   150   160

1 Wo stehen die Ballons?   A =

2 Wie geht es weiter? Schreibe zehn Zahlen auf.
a) 85, 90, 95, …   b) 90, 93, 96, …
c) 150, 146, 142, …   d) 160, 151, 142, …

3 Immer über 100. Schreibe zu jedem
Päckchen noch zwei weitere Aufgaben.

a) 99 + 5   b) 95 + 7   c) 93 + 8
99 + 6   95 + 8   93 + 10
99 + 7   95 + 9   93 + 12

d) 102 − 4   e) 106 − 8   f) 105 − 8
102 − 5   106 − 9   105 − 10
102 − 6   106 − 10   105 − 12

Wie heißt
die Zahl?

1 Bilde die Summe aus 98 und
7. Subtrahiere dann 60.

2 Dividiere 63 durch 7.
Addiere dann 95.

3 Wenn ich meine Zahl
verdopple und dazu
8 addiere, erhalte ich 106.

4 Wenn ich von meiner Zahl
12 subtrahiere und das
Ergebnis halbiere, so
erhalte ich 45.

Pokal: Gesetzmäßigkeiten entdecken und anwenden

1

2 1000 Rechenkästchen ausmalen, wie lange dauert das?

a)

Kästchen	Zeit
50	3 Minuten
100	____ Minuten
1000	____ Minuten

b) Wie viele Kästchen kann Nadine in einer halben Stunde ausmalen?

c) Wie viele in einer Viertelstunde?

3 a)

Kopien	Geld
10	50 ct
20	____ €
100	____ €
1000	____ €

b) Frau Lück will für ihre Klasse eine Geschichte mit vielen Bildern kopieren.
Die Geschichte hat 20 Seiten.
In ihrer Klasse sind 30 Kinder.
Wie viel Geld muss sie einsammeln?
Reicht ein Paket Kopierpapier für alle Kopien?

4 a) In unserer Schule gibt es 1000 Treppenstufen.

b) 1000 Kinder sind an unserer Schule.

c) In unserem Dorf leben 1000 Menschen.

d) Auf einer Seite im Lesebuch stehen 1000 Wörter.

e) In unserem Rechenbuch stehen 1000 Aufgaben.

f) Unser Rechenheft hat 1000 Kästchen.

g) Wir sind heute morgen 1000 Minuten in der Schule.

h) Max sagt: „Ich glaube nicht, dass du 1000 Kästchen in einer Stunde schaffst."
Warum meint er das?

1 Wie viele Punkte sind es?

a)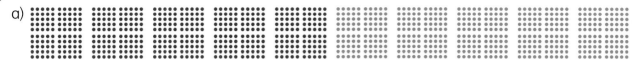

b)

c)

d)

e)

2

2 Hunderter + 3 Zehner + 4 Einer

2 H + 3 Z + 4 E
200 + 30 + 4
234

Nimm zwei Blätter und zeige wie Zahline.

a) 5 H + 6 Z + 4 E	b) 4 H + 2 Z	c) 300 + 50 + 6	d) 500 + 30	e) 273
7 H + 3 Z + 9 E	7 H + 2 E	600 + 40 + 2	200 + 7	327
9 H + 7 Z + 3 E	8 H + 5 E	200 + 60 + 4	300 + 80	706

3 Nenne deinem Partner eine Zahl, er zeigt die Punkte. Dann tauscht die Rollen.

4 Geheimschrift: Wie heißen die Zahlen?

a) ☐ ☐ ≡ 200 + 40 + 2 =   b) ☐ ≡   c) ☐ ☐ ☐ ┄┄

d) ≡┄   e) ☐ ≡   f) ☐ ☐ ☐ ┈   g) ☐ ·   h) ☐ ☐ ┈┈┈┈

5 Schreibe in Geheimschrift.

a) 5 H + 4 Z + 7 E	b) 6 H + 1 Z	c) 5 H + 2 E	d) 321	e) 307
4 H + 2 Z + 5 E	1 H + 6 Z	2 H + 5 E	231	370

6 Welche Zahlen sind es?

a) 7 H + 4 Z = 740	b) 2 H + 4 Z + 6 E	c) 4 H + 2 E	d) 4 H + 5 Z	e) 9 H + 3 E
8 H + 2 E = 802	7 H + 3 Z + 9 E	4 Z + 2 E	6 H + 3 E	3 Z + 9 E
	5 H + 1 Z + 5 E	4 H + 2 Z	8 Z + 4 E	9 H + 3 Z

7

a) 12 Z = 1 H + 2 Z = 120	b) 15 Z	c) 50 Z	d) 69 H
23 Z = 2 H +	27 Z	71 Z	26 H
	34 Z	45 Z	62 H

10 Z = 1 H
10 H = 1 T

8 a) 2 H + 15 Z   b) 4 H + 12 Z   c) 7 H + 10 Z   d) 8 H + 13 Z
3 H + 11 Z   5 H + 19 Z   6 H + 18 Z   9 H + 10 Z

☞ Weitere Übungen Seite 131

21

Ziffern und Stellenwerte

H	Z	E									
4	2	7		4	0	0	+	2	0	+	7

1 Trage die Zahlen in die Stellentafel ein und zerlege sie.

a) 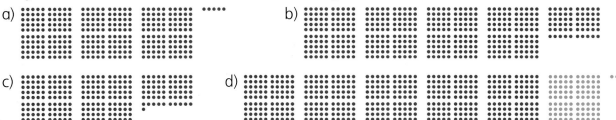 b)

c) d)

2 Trage in die Stellentafel ein und zerlege.

a) 346   b) 328   c) 382   d) 422   e) 709   f) 404
   714   283   238   242   790   440

3  Die Kinder tauschen die Ziffern-kärtchen untereinander. Welche Zahlen können noch entstehen? Schreibe auf wie Zahlix.

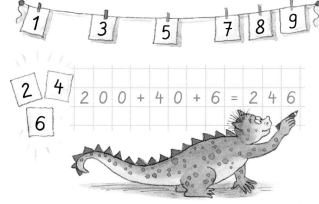

$$2 \ 0 \ 0 \ + \ 4 \ 0 \ + \ 6 \ = \ 2 \ 4 \ 6$$

4 a) Welche Zahlen gibt es mit diesen Ziffernkärtchen? Schreibe sie auf und zerlege sie.
b) Wie heißt die größte Zahl?
c) Wie heißt die kleinste Zahl?

3	8	5	=	3	0	0	+	8	0	+	5
5	8	3	=	5	0	0	+	8	0	+	3

5 Nehmt drei Ziffernkärtchen.
a) Wie viele verschiedene Zahlen könnt ihr damit legen? Schreibt sie auf und zerlegt sie.
b) Wie heißt die größte Zahl? Unterstreicht sie rot.
c) Wie heißt die kleinste Zahl? Unterstreicht sie blau.

6 Nehmt das Ziffernkärtchen mit der Null und noch zwei Ziffernkärtchen dazu. Wie viele verschiedene Zahlen könnt ihr damit legen? Worauf müsst ihr achten?

7 a) 400 + 30 + 6   b) 700 + 20 + 9   c) 900 + 50   d) 800 + 40   e) 850 + 30
     300 + 40 + 6   900 + 70 + 2   900 + 5   80 + 4   30 + 5

8 Ordne die Zahlen der Größe nach. Beginne mit der kleinsten.

a) 465   564   645   546   654   456   b) 780   807   870   708   78   87
c) 892   289   298   928   829   982   d) 304   430   403   340   34   43

Anamayas Zahlenschnüre

Anamaya war ein Indio-Mädchen. Sie lebte mit ihren Eltern in Peru. Sie hatte zwei Brüder, Huascar und Ruminahui, und zwei Schwestern, Tamia und Joana. Der Stolz der Familie war die große Ziegenherde, die in den Tälern der Anden graste. Zweimal im Jahr wurden die Ziegen gezählt. Die Kinder halfen immer dabei. Um die Zahlen zu behalten, wurden sie aber nicht aufgeschrieben, sondern geknotet. Das hatten schon die Großeltern und deren Großeltern so gemacht.

1
a) In welchem Land lebte Anamaya?

b) Wie viele Geschwister hatte Anamaya?

c) Wobei halfen die Kinder den Eltern?

2 Anamaya nahm drei Schnüre und knotete die Zahl 324.
Die Knoten waren verschieden dick. Wie machte Anamaya die Knoten?

3 Anamayas Geschwister knoteten auch Zahlen. Kannst du sie lesen?

a)  b)  c)  d)

4 Knote selbst Zahlen und lass deine Eltern raten, welche Zahlen es sind.

5 Am Abend am Lagerfeuer stellte Anamaya Zahlenrätsel. Findest du die Zahl?
Eine Knotenschnur kann dir helfen.

a) Meine Zahl hat drei Schnüre und fünf Knoten, zwei ganz dicke, aber keine dünnen Knoten.

b) Meine Zahl hat drei Schnüre und 15 Knoten, von jeder Dicke gleich viele.

c) Meine Zahl hat zwei Schnüre und zehn Knoten, davon sieben nur in einer Schnur.

d) Meine Zahl hat drei Schnüre und sechs Knoten, mehr dünne als mittlere, mehr mittlere als dicke.

6 Findest du selbst Zahlenrätsel zu Knotenschnüren?

Zahlen lesen

1 Zahlendiktat mit Fernglas.
Schreibe Zahlen auf ein Blatt
Papier und hefte es an die Wand.
Schau die Zahlen durchs Fernglas
an und diktiere sie deinem Partner.

2 Lies das Zahlwort deiner Partnerin vor, sie schreibt die Zahl auf.

a) einhundertvierzehn
   vierhundertzehn
   einhunderteins
   zweihundertzwanzig
   zweihundertzwölf
   dreihundertzwanzig

b) fünfhundertsiebzig
   siebenhundertacht
   dreihundert
   vierhundertdrei
   einhundertsieben
   zweihundertachtzehn

c) sechshundertzwölf
   achthundertfünf
   vierhundertneun
   siebenhundert
   sechshundertdreißig
   achthundertacht

3 Schreibe als Zahlwort: 500   300   460   680   804   212   917

4 So heißen die Zahlen in anderen Sprachen.

	Englisch	**Italienisch**	**Französisch**
26	twenty-six	ventisei	vingt-six
35	thirty-five	trenta cinque	trente-cinq
100	one hundred	cento	cent
200	two hundred	due cento	deux cent
400	four hundred	quatro cento	quatre cent
429	four hundred twenty-nine	quatro cento venti nove	quatre cent vingt-neuf

5

Meine Zahl hat 8 Hunderter, 6 Zehner und 5 Einer.

Meine Zahl hat 3 Hunderter, 2 Zehner und 5 Einer.

Meine Zahl hat 4 Zehner und 1 Einer. Der Hunderter ist doppelt so groß wie die Zehnerziffer.

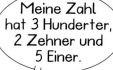

Meine Zahl hat 6 Einer und 2 Hunderter. Die Zehnerziffer ist die Hälfte der Einerziffer.

Die Zehnerziffer meiner Zahl ist 4. Die Einerziffer ist halb so groß wie die Zehnerziffer und die Hunderterziffer ist dreimal so groß wie die Einerziffer.

6 Überlege dir selbst weitere Zahlenrätsel.

1 Welche Zahlen stehen in den Feldern?

a) U = [____] G, F, N, Ö, I

b) B, L, E, J, C, K

c) Schreibe zu den Zahlen auch den Vorgänger und den Nachfolger auf.

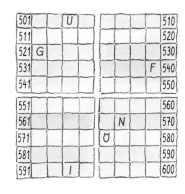

2 Welche Zahlen stehen unter 504, 516, 555, 808, 822, 837?

3 Zeige in den Hundertertafeln und schreibe die Zahlen auf,

a) in denen mindestens eine 3 vorkommt,   b) in denen mindestens eine 7 vorkommt,

c) in denen zwei Fünfen vorkommen,   d) in denen zwei gleiche Ziffern vorkommen.

4 Starte immer bei 546. Wohin kommst du? Schreibe die Zielzahl auf.

a) 2 Schritte nach rechts   b) 3 Schritte nach links   c) 4 Schritte nach rechts

d) 5 Schritte nach links   e) 4 Schritte nach oben   f) 2 Schritte nach oben

g) 2 Schritte nach unten   h) 4 Schritte nach unten   i) 5 Schritte nach unten

5 Erfindet selbst Start- und Ziel-Aufgaben wie in Aufgabe 4.

6 Welche Zahlen fehlen?

a)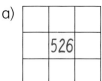

b)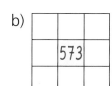

c)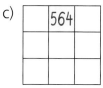

d)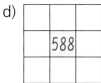

e)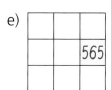

f)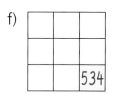

7 a) 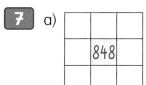   b)    c)   d) 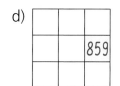   e)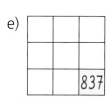

8 Zahlix hat einen Sack voll Zahlen von 701 bis 800.

a) Wie viele Zahlen sind in dem Sack?

b) Schreibe die Zahlen auf, in denen eine 4 vorkommt.

c) Schreibe die Zahlen auf, in denen eine Ziffer doppelt vorkommt.

d) Schreibe die Zahlen auf, in denen Zehner und Einer zusammen so groß sind wie der Hunderter.

☞ Weitere Übungen Seite 132

1000 Meter ...

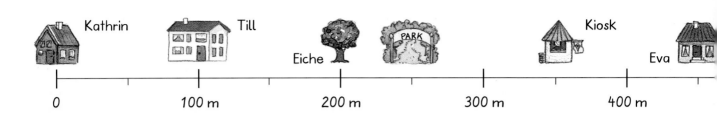

Kathrin   Till   Eiche   PARK   Kiosk   Eva

0   100 m   200 m   300 m   400 m

1 Kathrin geht jeden Morgen einen Kilometer (1 km = 1 000 m) bis zur Schule.
Was sieht sie alles unterwegs?

2 Wie weit ist es von Kathrins Haus bis dahin?
a) Eiche _____ m   b) Kiosk _____ m   c) Evas Haus _____ m
d) Spielplatz _____ m   e) Kindergarten _____ m   f) Jans Haus _____ m

3 Wie weit ist es von Tills Haus bis dahin?
a) Eiche _____ m   b) Kiosk _____ m   c) Evas Haus _____ m
d) Spielplatz _____ m   e) Kindergarten _____ m   f) Jans Haus _____ m

4 Wie weit ist es von Jans Haus bis dahin?
a) Eiche _____ m   b) Kathrins Haus _____ m   c) Kindergarten _____ m
d) Evas Haus _____ m   e) Spielplatz _____ m   f) Kiosk _____ m

5 Wie weit ist es von Evas Haus bis dahin?
a) Schwimmbad _____ m   b) Spielplatz _____ m   c) Kindergarten _____ m
d) Kiosk _____ m   e) Park _____ m   f) Eiche _____ m

6 Wie weit ist es noch bis zur Schule?
a) von der Eiche   b) vom Kiosk   c) vom Kindergarten
d) von Evas Haus   e) vom Spielplatz   f) von Jans Haus

7 Kathrin benötigt für ihren Schulweg 20 Minuten.
Wie weit geht sie in 10 Minuten? Wie weit in 5 Minuten?

> 1 km = 1000 m
> $\frac{1}{2}$ km =   500 m

8 Wie lange brauchst du für einen Kilometer? Probiere es aus.

9 Wie weit ist es noch?
a) 900 m + ____ m = 1 km
500 m + ____ m = 1 km
700 m + ____ m = 1 km
200 m + ____ m = 1 km
600 m + ____ m = 1 km

b) 850 m + ____ m = 1 km
250 m + ____ m = 1 km
750 m + ____ m = 1 km
150 m + ____ m = 1 km
450 m + ____ m = 1 km

c) 990 m + ____ m = 1 km
950 m + ____ m = 1 km
920 m + ____ m = 1 km
970 m + ____ m = 1 km
910 m + ____ m = 1 km

d) 996 m + ____ m = 1 km
976 m + ____ m = 1 km
923 m + ____ m = 1 km
943 m + ____ m = 1 km
955 m + ____ m = 1 km

Angekommen!

... sind 1 Kilometer

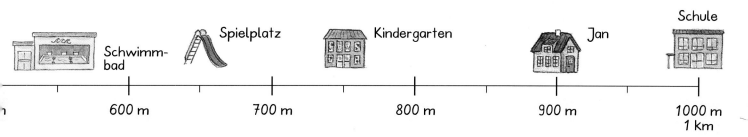

600 m   700 m   800 m   900 m   1000 m
1 km

1 Wie heißen die Nachbarhunderter? Wie weit ist es bis dahin?

a)

b)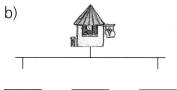

c)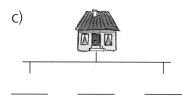

_____   250 m   _____

250 m + ____ m = ____ m   ____ m + ____ m = ____ m   ____ m + ____ m = ____ m
250 m − ____ m = ____ m   ____ m − ____ m = ____ m   ____ m − ____ m = ____ m

2 Wie heißen die Nachbarhunderter? Wie weit ist es bis dahin? Schreibe zwei Aufgaben.

a)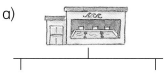

b)

c)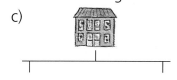

_____   _____   _____

3 Kathrin geht jeden Tag zur Schule hin und zurück zwei Kilometer.
a) Wie lang ist Evas Schulweg hin und zurück?
b) Wie lang ist Jans Schulweg?
c) Wie viel Meter geht Till jeden Tag?

4 a) Vor den Ferien besuchen die Kindergartenkinder die Schule.
Wie weit ist es hin und zurück?
b) Die Lehrerin geht mit den Kindern von der Schule zum Spielplatz.

5 Am Nachmittag trifft sich Kathrin mit Eva und Jan auf dem Spielplatz.
a) Wie weit geht Kathrin?   b) Wie weit geht Eva?   c) Wie weit geht Jan?

6 Schreibe eigene Wege-Geschichten.

7 Tina steht bei 300 m, Daniel bei 500 m.
Sie wollen sich in der Mitte treffen.

8 a) Welche Zahl befindet sich genau in der Mitte zwischen Kiosk und Evas Haus?
b) Welche Zahl befindet sich genau in der Mitte zwischen Spielplatz und Kindergarten?
c) Welche Zahl befindet sich genau in der Mitte zwischen Schwimmbad und Kindergarten?

9 a) Max behauptet: „In der Mitte zwischen 550 und 950 liegt 750."
b) Till behauptet: „Zwischen 250 und 750 liegt 500 genau in der Mitte."
c) Lea behauptet: „Zwischen 450 und 750 liegt 650 genau in der Mitte."

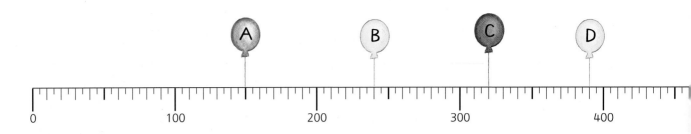

1 Zeige und zähle am Zahlenstrahl.

a) 120, 140, 160, …, 300
520, 540, 560, …, 700
660, 690, 720, …, 900

b) 300, 250, 200, …, 0
850, 800, 750, …, 500
720, 700, 680, …, 400

c) 240, 280, 320, …, 600
710, 760, 810, …, 1010
220, 250, 280, …, 520

2 Wo stehen die Ballons?
Wie heißen die beiden Nachbarhunderter?
Ergänze wie im Beispiel.

A	1 5 0 + 5 0 = 2 0 0
	1 5 0 − 5 0 = 1 0 0

3 Rechne vor zum nächsten Hunderter.

a) 430 + ____ = 500
410 + ____ = 500
495 + ____ = 500

b) 180 + ____ = 200
780 + ____ = 800
380 + ____ = 400

c) 595 + ____ = 600
793 + ____ = 800
891 + ____ = 900

d) 775 + ____ = 800
245 + ____ = 300
578 + ____ = 600

4 Rechne zurück zum nächsten Hunderter.

a) 760 − ____ = 700
720 − ____ = 700
785 − ____ = 700

b) 373 − ____ = 300
681 − ____ = 600
275 − ____ = 200

c) 425 − ____ = 400
475 − ____ = 400
408 − ____ = 400

d) 345 − ____ = 300
790 − ____ = 700
609 − ____ = 600

5 Zeige am Zahlenstrahl. Wie heißen die beiden Nachbarhunderter? Unterstreiche den Nachbarhunderter rot, der am nächsten an der Zahl liegt.

a) 340   b) 835   c) 666   d) 403   e) 291
670   515   787   999   111

3 0 0	3 4 0	4 0 0
6 0 0	6 7 0	

6 Nach rechts werden die Zahlen am Zahlenstrahl immer größer, nach links werden die Zahlen immer kleiner. Zeige die Zahlen, dann setze ein: < oder >.

a) 167 ⬤ 162
178 ⬤ 187
182 ⬤ 179

b) 392 ⬤ 364
307 ⬤ 316
370 ⬤ 317

c) 434 ⬤ 443
522 ⬤ 519
765 ⬤ 675

d) 873 ⬤ 773
940 ⬤ 904
618 ⬤ 681

7 Lars hat nicht immer das richtige Zeichen eingesetzt. Verbessere die Aufgaben.

a) 2 7 6 < 2 6 7	b) 7 4 6 > 4 6 7	c) 4 7 5 < 4 5 7	d) 6 0 9 > 6 9 0
5 8 3 > 5 3 8	3 8 3 > 8 3 3	9 4 6 < 9 6 4	8 5 9 > 8 9 5

8 a)

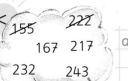

155   222
167   217
232   243

a) 1 5 5 < 2 2 2
1 6 7 <

b)

332   98
159   270
209   183

c)

903   931
930   309
319   390

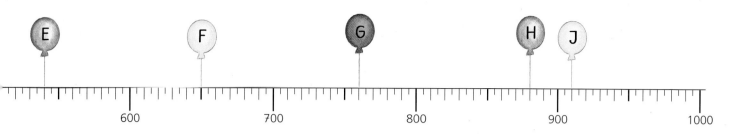

1 Zähle. Immer 10 Schritte weiter.

a) 543, 544, … b) 463, 464, … c) 582, 584, … d) 550, 555, … e) 382, 377, …
607, 608, …   712, 711, …   727, 729, …   798, 793, …   914, 909, …
994, 995, …   904, 903, …   496, 498, …   672, 677, …   226, 221, …

2 Schreibe Vorgänger (V) und Nachfolger (N) auf.

a)

V	Zahl	N
	184	
	237	
	499	

V	Zahl	N
1 8 3	1 8 4	1 8 5

b)

V	Zahl	N
	463	
	888	
	701	

c)

V	Zahl	N
		289
900		
	603	

d)

V	Zahl	N
706		
		499
199		

3 Wo stehen die Ballons?
Wie heißen die beiden Nachbarzehner?
Ergänze wie im Beispiel.

A	5 8 6	+	4	=	5 9 0
	5 8 6	−	6	=	5 8 0

4 Zeige am Zahlenstrahl. Wie heißen die Nachbarzehner? Unterstreiche den Nachbarzehner blau, der am nächsten an der Zahl liegt.

a) 288   b) 333   c) 371   d) 407   e) 999
312   345   395   429   101

2 8 0	**2 8 8**	2 9 0
3 1 0	**3 1 2**	

5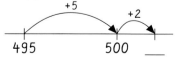

a) Schreibe eine Zahl zwischen 100 und 1000 auf.
Deine Partnerin schreibt links und

NH	NZ	Zahl	NZ	NH
4 0 0	4 3 0	4 3 7	4 4 0	5 0 0

rechts die beiden Nachbarzehner (NZ) und dann die beiden Nachbarhunderter (NH) hin.
b) Unterstreicht den Nachbarzehner blau, der am nächsten an der Zahl liegt.
c) Unterstreicht den Nachbarhunderter rot, der am nächsten an der Zahl liegt.

6 Stopp am Hunderter.

```
      +5        +2
  ┌────────┐  ┌──┐
  495      500  ___
```

a) 495 + 7   b) 498 + 5   c) 596 + 6   d) 798 + 7
495 + 8   494 + 9   599 + 8   897 + 8
495 + 6   497 + 6   597 + 7   999 + 9

7

```
   -3        -4
 ┌────┐  ┌──────┐
 ___   700      704
```

a) 704 − 7   b) 703 − 6   c) 605 − 9   d) 403 − 7
704 − 9   701 − 8   602 − 6   703 − 4
704 − 5   702 − 4   601 − 5   304 − 7

☞ Weitere Übungen Seite 132

1

326 + 300
326 + 30
326 + 3

326 + 300 = _____

326 + 30 = _____

Ich male noch 3 Zehner.

2 a) 251 + 300 b) 415 + 200 c) 304 + 300 d) 524 + 400 e) 113 + 500
251 + 30 415 + 20 304 + 30 524 + 40 113 + 50
251 + 3 415 + 2 304 + 3 524 + 4 113 + 5

118 163 254 281 307 334 354 417 435 528 551 564 604 613 615 924

3 a) 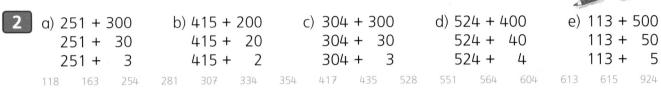 256 | 413 | 105 (+) 200 | 20 | 2   b) 423 | 243 | 342 (+) 4 | 400 | 40

107 125 247 258 276 283 305 346 382 415 427 433 437 456 463 613 643 742 823

4 a) 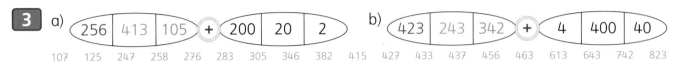 346 | 505 | 630 (+) 300 | 30 | 3   b) 214 | 320 | 401 (+) 5 | 500 | 50

219 264 325 349 370 376 406 451 508 535 545 633 646 660 714 805 820 901 930

5 a) 996 + ___ = 999 b) 616 + ___ = 666 c) 540 + ___ = 543 d) 709 + ___ = 769
969 + ___ = 999 661 + ___ = 666 513 + ___ = 543 763 + ___ = 769
699 + ___ = 999 166 + ___ = 666 243 + ___ = 543 169 + ___ = 769

3 3 5 6 30 30 50 60 70 300 300 500 600

6 a) 657 − 400   657 − 400   b) 875 − 300
657 − 40   875 − 30
657 − 4   875 − 3

c) 496 − 200   d) 898 − 500
496 − 20   898 − 50
496 − 2   898 − 5

7 a) 794 | 888 | 965 (−) 300 | 30 | 3   b) 867 | 768 | 687 (−) 50 | 5 | 500

187 268 287 367 494 588 637 665 682 718 763 764 791 817 858 862 885 935 962

8 a) 555 | 777 | 888 (−) 400 | 40 | 4   b) 987 | 897 | 798 (−) 60 | 600 | 6

155 198 297 377 387 488 515 551 737 738 763 773 792 837 848 884 891 927 981

9 Darauf achtet Zahlix beim Rechnen.

a) 395 − 200 b) 780 − 600 c) 360 − 200 d) 255 − 30
187 − 70 780 − 80 360 + 200 255 + 600
187 − 7 780 − 6 149 − 9 888 − 6
555 − 55 780 − 60 149 + 4 888 − 88
544 − 40 547 + 20
865 − 200 547 − 400
777 − 30 547 + 200

30 ☞ Weitere Übungen Seite 132

Quersumme

1 Wie heißt die Quersumme?

Quersumme
2 + 7 + 5 = 14

275

1
bis
1000

a) 317   549   276   492   872

b) 697   984   599   888   999

c) 509   606   370   740   900

2 Schreibe fünf Zahlen auf.

a) mit der Quersumme 12,   b) mit der Quersumme 16,   c) mit der Quersumme 25.

3

700
bis
800

a) Wie viele gerade Zahlen sind in dem Sack, wie viele ungerade?

b) Schreibe die Zahlen auf, in denen die Ziffern 3 und 4 vorkommen. Wie groß ist die Quersumme?

c) Schreibe die Zahlen mit der Quersumme 10 auf.

d) Schreibe die Zahlen auf, in denen eine Ziffer doppelt vorkommt. Wie groß ist die Quersumme?

4

Suche dir einen Sack aus.

100
bis
200

200
bis
400

500
bis
1000

a) Wie viele gerade Zahlen sind in dem Sack, wie viele ungerade?

b) Nimm fünf Zahlen aus dem Sack. Welche Quersumme haben sie?

c) Wie viele Zahlen mit der Quersumme 5 findest du?

d) Wie viele Zahlen mit der Quersumme 15 findest du?

e) Wie viele Zahlen mit der Quersumme 20 findest du?

f) Wie heißt die größte Zahl mit der Quersumme 10?

g) Wie heißt die kleinste Zahl mit der Quersumme 10?

h) Wie heißt die größte Quersumme? Wie viele Zahlen gibt es dazu?

5 Jedes Ergebnis hat die Quersumme 8.
Findest du zu jedem Päckchen noch zwei weitere Aufgaben?

a) 695 + 6
   596 + 6
   497 + 6

6 9 5 + 6 = 7 0 1   Q S: 8

5 9 6 + 6 =

b) 793 + 7
   694 + 7
   595 + 7

c) 198 + 8
   297 + 8
   396 + 8

d) 296 + 9
   395 + 9
   494 + 9

e) 696 + 5
   597 + 5
   498 + 5

Zahlenrätsel

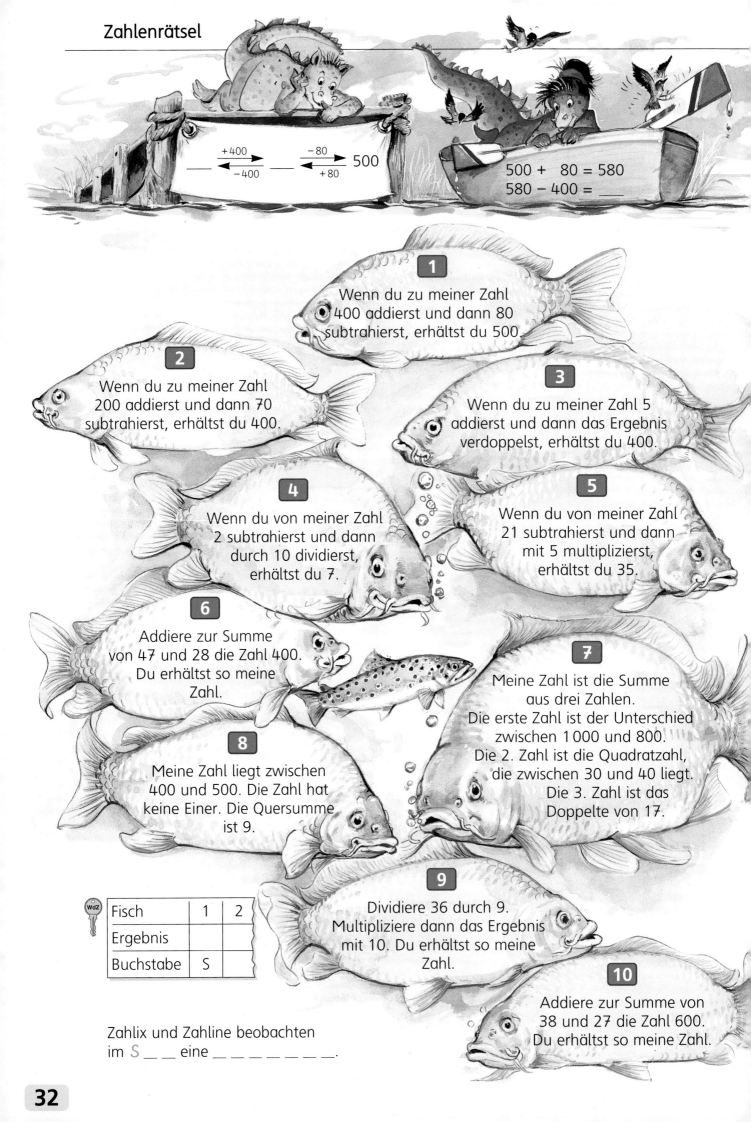

$$\xleftarrow[-400]{+400} \quad\text{—}\quad \xleftarrow[+80]{-80} \quad 500$$

$500 + 80 = 580$
$580 - 400 = \underline{\quad}$

1 Wenn du zu meiner Zahl 400 addierst und dann 80 subtrahierst, erhältst du 500.

2 Wenn du zu meiner Zahl 200 addierst und dann 70 subtrahierst, erhältst du 400.

3 Wenn du zu meiner Zahl 5 addierst und dann das Ergebnis verdoppelst, erhältst du 400.

4 Wenn du von meiner Zahl 2 subtrahierst und dann durch 10 dividierst, erhältst du 7.

5 Wenn du von meiner Zahl 21 subtrahierst und dann mit 5 multiplizierst, erhältst du 35.

6 Addiere zur Summe von 47 und 28 die Zahl 400. Du erhältst so meine Zahl.

7 Meine Zahl ist die Summe aus drei Zahlen. Die erste Zahl ist der Unterschied zwischen 1000 und 800. Die 2. Zahl ist die Quadratzahl, die zwischen 30 und 40 liegt. Die 3. Zahl ist das Doppelte von 17.

8 Meine Zahl liegt zwischen 400 und 500. Die Zahl hat keine Einer. Die Quersumme ist 9.

9 Dividiere 36 durch 9. Multipliziere dann das Ergebnis mit 10. Du erhältst so meine Zahl.

10 Addiere zur Summe von 38 und 27 die Zahl 600. Du erhältst so meine Zahl.

Fisch	1	2
Ergebnis		
Buchstabe	S	

Zahlix und Zahline beobachten im S __ __ eine __ __ __ __ __ __ __ __ .

32

1

Lege mit Streichhölzern Ziffern wie auf dem Taschenrechner.

Bei drei Ziffern brauchst du genau so viele Hölzchen, wie die Ziffer angibt.

2 Wie viele Hölzchen brauchst du dafür? a) 12 b) 134 c) 598 d) 706

3 a) Nimm sieben Hölzchen. Lege damit eine dreistellige Zahl. Es gibt drei verschiedene Möglichkeiten. Schreibe die drei Zahlen auf.

b) Nimm acht Hölzchen. Lege damit eine dreistellige Zahl. Es gibt sechs verschiedene Möglichkeiten. Schreibe die sechs Zahlen auf.

4 Nimm 20 Hölzchen. Damit kannst du acht verschiedene dreistellige Zahlen legen. Schreibe sie auf. Unterstreiche die größte Zahl rot, die kleinste Zahl blau.

5

Kannst du mit 21 Hölzchen eine dreistellige Zahl legen?

Und mit 22 Hölzchen?

6 a) Nehmt 10 Hölzchen. Wie heißt die größte Zahl, die ihr damit legen könnt? Wie heißt die kleinste Zahl?

b) Nehmt 15 Hölzchen. Macht es ebenso.

c) Gebt selbst die Anzahl der Hölzchen vor.

Anzahl Hölzchen	1 0		1 5
größte Zahl			
kleinste Zahl			

7 a) Wie heißt die größte dreistellige Zahl? Wie viele Hölzchen brauchst du dafür?

b) Wie heißt die kleinste dreistellige Zahl? Wie viele Hölzchen brauchst du dafür?

8 Legt eine dreistellige Zahl und schreibt sie auf.
Dann spielt abwechselnd: Ein Hölzchen umlegen und dadurch eine neue Zahl bilden. Schreibt die Zahlen immer auf. Wie lang wird die Zahlenkette?

Spiegelsymmetrie

1

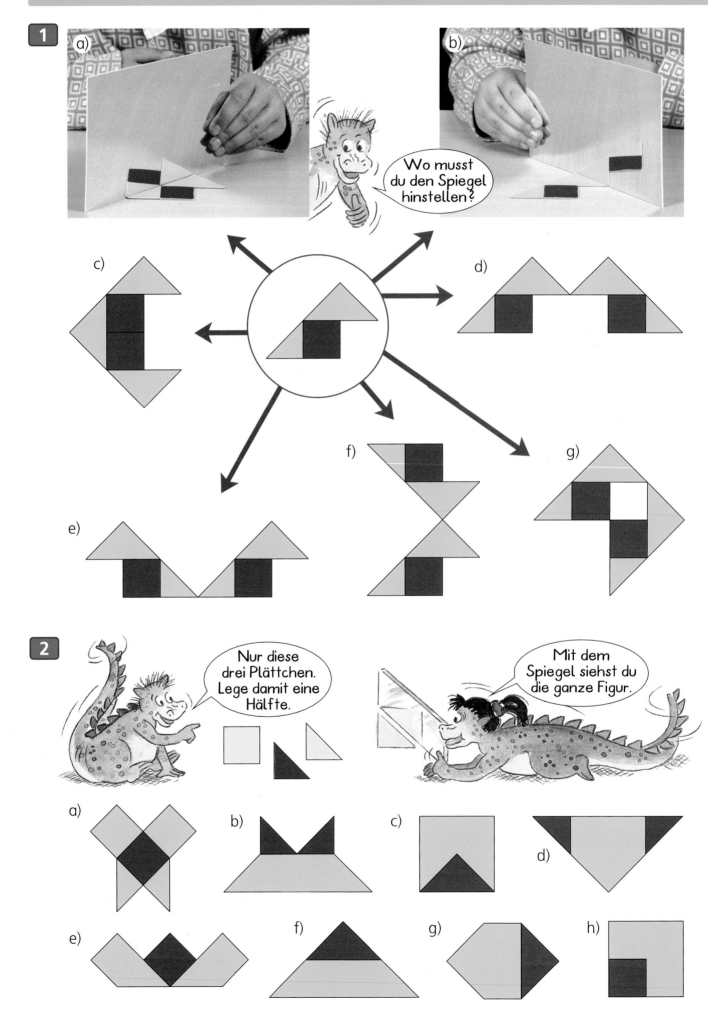

a)

b)

Wo musst du den Spiegel hinstellen?

c)

d)

e)

f)

g)

2

Nur diese drei Plättchen. Lege damit eine Hälfte.

Mit dem Spiegel siehst du die ganze Figur.

a)

b)

c)

d)

e)

f)

g)

h)

Legen und spiegeln

1

Teilnehmer: 2 Kinder
Material: Spielfeld, geometrische
Formen
Spielidee: Achsensymmetrische
Bilder herstellen
Ein Kind legt eine Figur auf das
Spielfeld. Der Partner legt die spiegel-
bildliche Figur.
Mit dem Spiegel wird überprüft.
Dann wechselt ab.

2 Hier ist etwas falsch.
a) Lege die linke Hälfte, dann spiegele und lege die andere Hälfte richtig nach.
b) Lege die rechte Hälfte, dann spiegele und lege die andere Hälfte richtig nach.

① 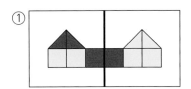   ② 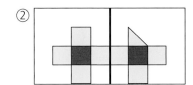   ③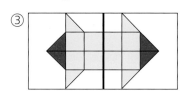

④ 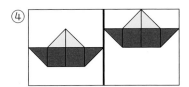   ⑤ 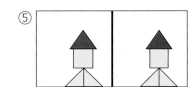   ⑥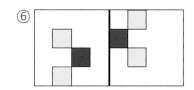

3 Was stimmt nicht? Lege die Figuren richtig nach. Prüfe mit dem Spiegel.

a) 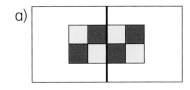   b) 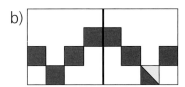   c)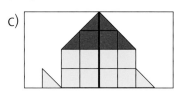

d) 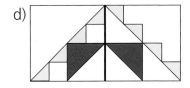   e) 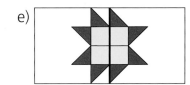   f)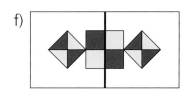

4 Welches ist das richtige Spiegelbild?

a) 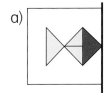   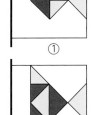   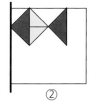   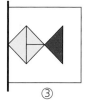   
         ①   ②   ③   ④

b) 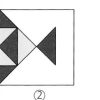      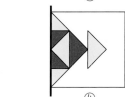
         ①   ②   ③   ④

Achsensymmetrische Figuren

1 Zeichne die Figur in dein Heft. Beginne mit den Punkten.
Die Figur hat eine Spiegelachse. Zeichne sie ein. Prüfe mit dem Spiegel.

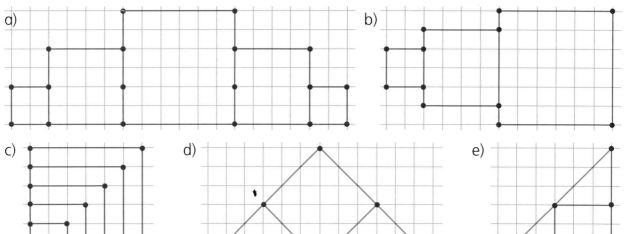

2 Hier gibt es mehrere Spiegelachsen.

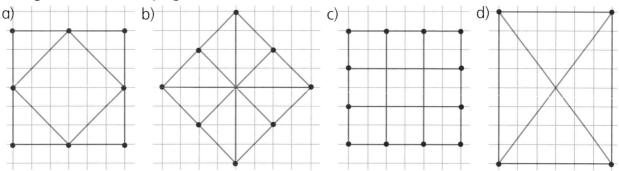

3 Zeichne die Figur und die Spiegelachse in dein Heft. Dann ergänze die Figur.

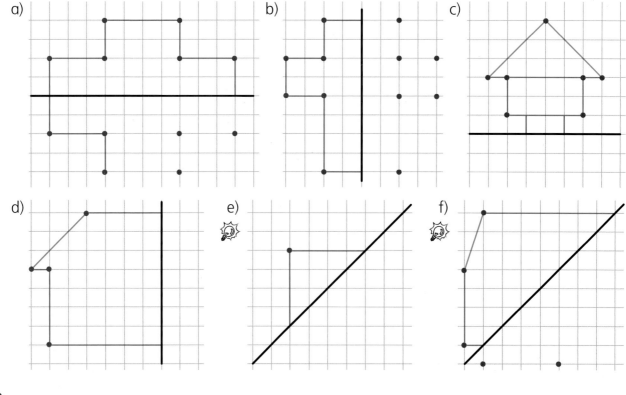

 4 Zeichne eine symmetrische Figur. Dein Partner zeichnet die Achse. Dann tauscht die Rollen.

Bild und Spiegelbild

1 Zeichne die beiden Figuren in dein Heft. Beginne mit den Punkten.
Die eine Figur ist Spiegelbild der anderen Figur. Zeichne die Spiegelachse ein.

a)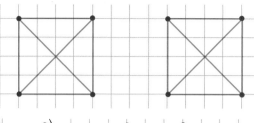

b)

c)

d)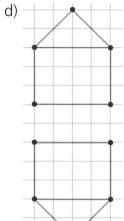

e)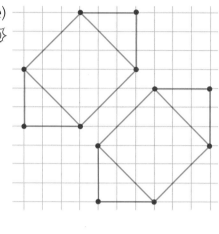

2 Zeichne die Figur und die Spiegelachse in dein Heft. Dann zeichne das Spiegelbild.

a)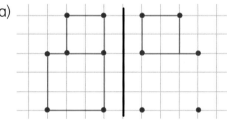

b)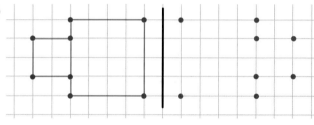

c)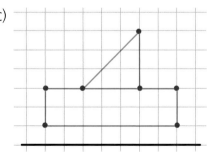

d)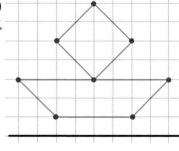

e)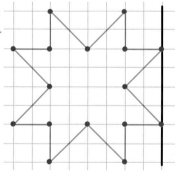

3 Zeichne eine Figur und eine Spiegelachse in dein Heft.
Deine Partnerin zeichnet das Spiegelbild. Dann tauscht die Rollen.

4 Welche Flaggen haben keine, eine oder zwei Spiegelachsen?

a

b

c

d

e

f

g

h

i

Schreibe so:
Flaggen ohne Spiegelachsen: ___b,___
Flaggen mit einer Spiegelachse: _____
Flaggen mit zwei Spiegelachsen: _____

Rechnen mit großen Zahlen

1 a) 328 + 57
746 + 36

b) 435 + 36
338 + 54

c) 313 + 58
466 + 27

d) 745 + 28
757 + 37

e) 834 + 47
828 + 58

371   385   392   471   483   493   773   782   794   881   886

2 a)

+16	
23	
623	
923	

b)

+18	
43	
543	
843	

c)

+24	
36	
436	
636	

Jch halte einfach den Hunderter zu.

437 + 48 = 485

3

349 + 26 = ___

350 + 26, dann 1 weniger

350 + 25

a) 349 + 26
539 + 35
549 + 49
269 + 27

b) 259 + 27
546 + 29
439 + 45
644 + 39

c) 69 + 424
39 + 534
63 + 419
23 + 259

282   286   296   375   387   482   484
493   573   574   575   598   683

4 a) Alle Ergebnisse haben die Quersumme 13.

| 239 | 311 | 437 | + | 8 | 26 | 53 |

b) Quersumme 15

| 509 | 725 | 806 | + | 19 | 37 | 55 |

☞ Weitere Übungen Seite 133

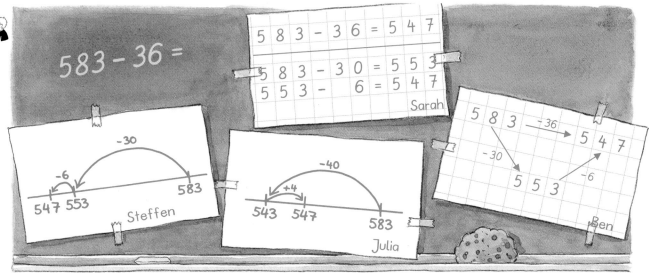

1 Wie rechnest du?

a) 376 − 58
771 − 56

b) 434 − 26
392 − 54

c) 353 − 38
463 − 27

d) 743 − 26
751 − 37

e) 874 − 47
884 − 58

315   318   338   408   436   463   714   715   717   826   827

2 Alle Ergebnisse haben die Quersumme 13.
Findest du zu jedem Päckchen noch eine Aufgabe?

a) 530 − 13
540 − 14
550 − 15
560 − 16
570 − 17

b) 443 − 25
453 − 26
463 − 27
473 − 28
483 − 29

c) 781 − 30
771 − 29
761 − 28
751 − 27
741 − 26

d) 680 − 28
681 − 38
682 − 48
683 − 58
684 − 68

e) 285 − 11
287 − 22
289 − 33
291 − 44
293 − 55

3

a) $\xrightarrow{-6}$

32	
432	
932	
	626

b) $\xrightarrow{-30}$

76	
276	
	546
	946

c) $\xrightarrow{-24}$

48	
348	
	724
	524

d) $\xrightarrow{-47}$

85	
585	
	838
685	

e) $\xrightarrow{-60}$

200	
600	
900	
1000	

4

376 − 29 = ___

376 − 30,
dann 1 mehr

377 − 30

a) 376 − 29
597 − 49
201 − 27
549 − 49

b) 559 − 27
639 − 39
446 − 29
283 − 49

c) 484 − 69
538 − 35
367 − 59
279 − 39

174   234   240   308   347   415   417
500   503   532   548   600   615

5

a) 500 − 25
295 − 25
503 − 8
491 − 23
462 − 57
470 − 38

b) 292 − 58
746 − 46
260 − 8
256 − 36
695 − 47
587 − 83

c) 268 − 34
300 − 45
561 − 39
702 − 6

d) 600 − 60
697 − 49
700 − 16
692 − 20
284 − 8
596 − 29
187 − 40

☞ Weitere Übungen Seite 133

1 a) 260 + 80   b) 570 + 70   c) 380 + 50   d) 640 + 70   e) 660 + 70
   290 + 60   590 + 40   330 + 60   290 + 30   380 + 80
   270 + 90   520 + 60   350 + 70   450 + 60   450 + 50

320 340 350 360 390 420 430 460 490 500 510 580 630 640 710 730

2 a) +50 →

70	
270	
570	

b) +40 →

60	
360	
760	

c) +70 →

120	
420	
820	

d) +80 →

50	
550	
850	

e) +60 →

180	
380	
780	

3 Wie heißt es auf Englisch?

a)
   180 + 30
   350 + 50
   100 + 80

b)
   160 + 80
   670 + 50
   850 + 60

c)
   390 + 90
   800 + 64
   290 + 60
   190 + 80

d)
   860 + 50 + 15
   670 + 80 + 24
   760 + 70 + 34
   680 + 20 + 12

4 a) 80 + 60
   82 + 60
   85 + 60
   87 + 60

b) 190 + 40
   193 + 40
   198 + 40
   195 + 40

c) 70 + 250
   71 + 250
   75 + 250
   79 + 250

d) 460 + 80
   460 + 82
   460 + 87
   460 + 85

e) 50 + 360
   50 + 363
   50 + 368
   50 + 365

5 Rechne, denke 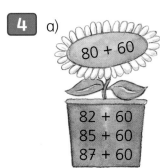 dabei an die einfache Blumenaufgabe.

a) 270 + 60
   273 + 60
   277 + 60
   275 + 60

b) 385 + 50
   381 + 50
   389 + 50

c) 40 + 493
   40 + 496
   40 + 492

d) 560 + 63
   560 + 67
   560 + 69

③ Aufgaben mit französischen Wörtern befinden sich im Praxisbegleiter

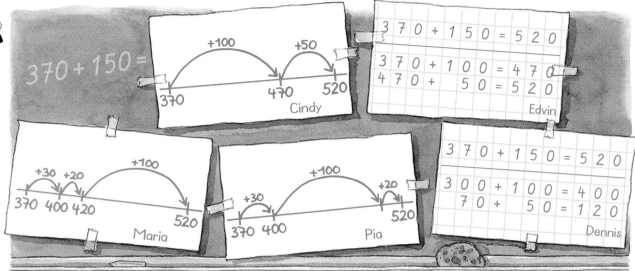

370 + 150 =

Cindy: +100 / +50 — 370, 470, 520

Edvin:
370 + 150 = 520
370 + 100 = 470
470 + 50 = 520

Maria: +30 +20 / +100 — 370 400 420, 520

Pia: +30 / +100 / +20 — 370 400, 520

Dennis:
370 + 150 = 520
300 + 100 = 400
70 + 50 = 120

1
a) 460 + 170
460 + 280

b) 380 + 140
380 + 290

c) 270 + 130
320 + 130

d) 540 + 180
610 + 180

e) 650 + 150
170 + 650

400   450   520   630   670   720   740   790   800   820   1000

2
a)

+ 180 →	
170	
370	
570	

b)

+ 230 →	
380	
680	
280	

c)

+ 360 →	
260	
560	
160	

d)

+ 270 →	
370	
375	
379	

e)

+ 450 →	
190	
199	
195	

---

3 Wie heißt es auf Englisch?

a)
200 + 400
460 + 440
122 + 400

b)
350 + 350
290 + 270
250 + 250

c)
300 + 412
400 + 464
256 + 200

d)
290 + 190
50 + 142
560 + 350
280 + 480

e)
120 + 120
260 + 640
180 + 450

---

4 Alle Ergebnisse haben die Quersumme 9.

a) 100 370 640 (+) 80 170 260

b) 90 360 630 (+) 90 180 270

---

5 Wie geht es weiter? Schreibe noch zwei Aufgaben dazu.

a) 340 + 260
350 + 250
360 + 240

b) 430 + 270
450 + 250
470 + 230

c) 560 + 420
550 + 430
540 + 440

d) 630 + 350
610 + 370
590 + 390

e) 520 + 330
530 + 320
540 + 310

6

370 + 190 = ___

370 + 200, dann 10 weniger

360 + 200

a) 370 + 190
480 + 290
150 + 380
360 + 190

b) 290 + 420
390 + 340
570 + 150
290 + 530

c) 450 + 390
240 + 680
390 + 550
320 + 380

530   550   560   570   700   710   720
730   770   820   840   920   940

---

③ Aufgaben mit französischen Wörtern befinden sich im Praxisbegleiter
☛ Weitere Übungen Seite 133

1

a)	b)	c)	d)	e)
620 – 60	460 – 80	750 – 90	550 – 70	810 – 60
650 – 80	410 – 40	730 – 60	340 – 60	230 – 80
610 – 70	490 – 60	780 – 50	620 – 40	640 – 40

150   280   370   380   430   480   540   560   570   580   600   660   670   720   730   750

2

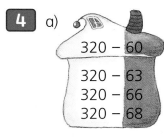

a)	b)	c)	d)	e)
420 – 60	610 – 40	360 – 80	730 – 70	250 – 90
421 – 60	612 – 40	363 – 80	734 – 70	255 – 90
427 – 60	619 – 40	367 – 80	738 – 70	253 – 90
425 – 60	615 – 40	366 – 80	732 – 70	256 – 90

3

a) $\xrightarrow{-70}$		b) $\xrightarrow{-50}$		c) $\xrightarrow{-40}$		d) $\xrightarrow{-80}$		e) $\xrightarrow{-60}$	
370		400		280		420		310	
970		800			540	620			750
870			650	980			840	510	

4

a)

320 – 60
320 – 63
320 – 66
320 – 68

Erst minus 60, dann minus 3.

b)
540 – 70
540 – 72
540 – 75
540 – 77

c)
710 – 40
710 – 44
710 – 48
710 – 46

d)
820 – 50
820 – 51
820 – 57
820 – 54

5 Welches Tier bleibt übrig?
Schreibe dazu selbst Schlüsselaufgaben.

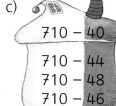

a)	b)	c)	d)
240 – 80	220 – 70	560 – 80	320 – 40
230 – 40	640 – 80	600 – 6	490 – 90
310 – 70	470 – 70	310 – 40	160 – 60
850 – 50	300 – 90	220 – 80	690 – 6
240 – 60	330 – 60	860 – 5	950 – 25

1 Wie rechnest du?

a) 460 − 210
460 − 240
460 − 380

b) 530 − 140
530 − 230
530 − 290

c) 650 − 480
710 − 480
740 − 480

d) 710 − 140
600 − 140
290 − 140

e) 940 − 360
300 − 190
440 − 280

80   110   150   160   170   220   230   240   250   260   300   370   390   460   570   580

2 Alle Ergebnisse haben die Quersumme 9.

a)
920 740 650 − 290 380 560

b)
820 640 550 − 190 370 460

3 Wie geht es weiter? Schreibe noch zwei Aufgaben dazu.

a) 930 − 380
930 − 480
930 − 580

b) 870 − 250
770 − 250
670 − 250

c) 820 − 650
720 − 550
620 − 450

d) 960 − 70
860 − 170
760 − 270

e) 540 − 310
550 − 320
560 − 330

4

370 − 190 = ___

370 − 200, dann 10 mehr   380 − 200

a) 370 − 190
480 − 290
650 − 380
560 − 190

b) 710 − 490
390 − 340
570 − 150
890 − 390

c) 450 − 390
840 − 690
590 − 250
620 − 490

50   60   130   150   180   190   220
270   320   340   370   420   500

5 Noch mehr englische Wörter.

a) 960 − 160
500 − 230
810 − 250
950 − 190

b) 900 − 720   510 − 350
980 − 180   540 − 270
970 − 70   1000 − 90
540 − 140   430 − 250
900 − 680

c) 790 − 440
810 − 670
690 − 420
760 − 490
990 − 810

d) 880 − 180 − 4
830 − 560 − 6
840 − 170 − 5
820 − 660 − 4

Jch kenne dazu sogar ein Lied!

⑤ Aufgaben mit französischen Wörtern befinden sich im Praxisbegleiter
☞ Weitere Übungen Seite 133

1 England ist ein Teil von Großbritannien.
Die Hauptstadt ist a) _____.
Durch die Hauptstadt fließt die b) _____.
Die Währung ist das c) _____, das
entspricht 100 Pennies.

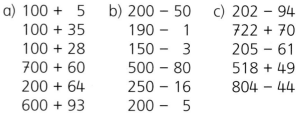

a) 100 + 5	b) 200 − 50	c) 202 − 94
100 + 35	190 − 1	722 + 70
100 + 28	150 − 3	205 − 61
700 + 60	500 − 80	518 + 49
200 + 64	250 − 16	804 − 44
600 + 93	200 − 5	

2 Der Tower ist das Wahrzeichen Londons.
Früher war es einmal ein Gefängnis, heute
werden dort die Kronjuwelen aufbewahrt.
Zum Turm gelangt man über eine Brücke,
die berühmte a) _____ b) _____.

a) 200 + 300	b) 620 − 140
500 + 400	1000 − 90
180 + 180	300 − 24
190 + 80	920 − 160
150 + 150	500 − 44
	540 − 270

3 Am Ufer der Themse liegt das Parlament.
Neben dem Parlament steht ein großer Glockenturm.
Er heißt a) _____ b) _____, genauso wie auch die Stundenglocke
mit der berühmten Melodie.

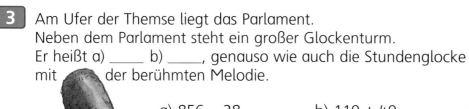

a) 856 − 28	b) 119 + 49
298 − 22	416 + 16
371 − 65	529 + 38

4 Großbritannien ist ein Königreich.
Das Königsschloss heißt a) _____ b) _____.

a) 540 − 60	b) 90 + 18
490 − 90	205 + 50
310 − 70	390 + 60
410 − 60	480 + 80
200 − 8	675 + 25
450 − 45	815 + 40
360 − 54	
1000 − 200	
270 − 80	
540 − 480	

① bis ④ Aufgaben mit französischen Wörtern befinden sich im Praxisbegleiter

1

488 + 35 =
+30
488   518 523

493 + 30

480 + 30
8 + 5

518 + 5

490 + 35,
dann
2 weniger

490 + 33

2 Wie rechnest du?

a) 280 + 40
280 + 47
288 + 47

b) 260 + 80
260 + 88
265 + 88

c) 572 + 40
572 + 44
572 + 49

d) 247 + 84
559 + 73
378 + 46

e) 58 + 357
60 + 785
348 + 64

320   327   331   335   340   348   353   412   415   424   612   616   621   632   745   845

3 Achte auf Wecker-Aufgaben.

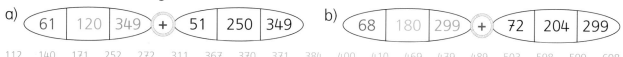

a) (61 | 120 | 349) ⊕ (51 | 250 | 349)

b) (68 | 180 | 299) ⊕ (72 | 204 | 299)

112   140   171   252   272   311   367   370   371   384   400   410   469   479   489   503   598   599   698

4

524 − 48 =
−50
+2
474 476   524

516 − 40

484 − 8

520 − 40 = 480
524 − 40 = 484
484 −   8 =

524 − 50,
dann 2 mehr

526 − 50

5 Wie rechnest du?

a) 340 − 60
345 − 60
345 − 68

b) 930 − 80
933 − 80
933 − 87

c) 426 − 40
426 − 44
426 − 48

d) 744 − 76
659 − 83
800 − 92

e) 623 − 64
539 − 72
423 − 48

277   280   285   375   378   382   386   467   476   559   576   668   708   846   850   853

6 Achte auf Wecker-Aufgaben.

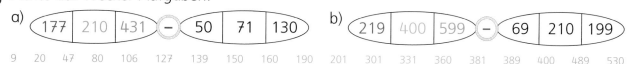

a) (177 | 210 | 431) ⊖ (50 | 71 | 130)

b) (219 | 400 | 599) ⊖ (69 | 210 | 199)

9   20   47   80   106   127   139   150   160   190   201   301   331   360   381   389   400   489   530

☞ Weitere Übungen Seite 134

Rechnen mit Geld

 1 Suche dir Material aus dem Bastelgeschäft aus und lies deiner Partnerin das Preisschild vor. Benutze verschiedene Sprechweisen und schreibe wie Zahline auf drei Weisen.

2 Lege mit Rechengeld und schreibe so:
1 € 15 ct = 115 ct = 1,15 €

€		ct
1	1	5
2	3	9
5	0	7
	8	5
		9

 3 Partnerspiel:
Ein Kind legt einen Geldbetrag.
Der Partner schreibt den Geldbetrag auf drei Weisen.

4 Schreibe die Beträge als Kommazahl, dann lies sie vor.

a) 2 € 20 ct	b) 7 € 15 ct	c) 14 € 10 ct	d) 100 ct	e) 4 ct
5 € 81 ct	10 € 9 ct	20 € 50 ct	10 ct	95 ct
3 € 99 ct	12 € 5 ct	50 € 80 ct	1 ct	364 ct

5 Es müssen noch Preisschilder für die Waren geschrieben werden. Hilf Zahlix bei der Arbeit.

Preistabelle

Farbkasten	*449 ct*
Ringbuchmappe	*139 ct*
Sammelmappe	*210 ct*
Schülerkalender	*490 ct*
Zeichenblock	*105 ct*
Mäppchen	*509 ct*
Radiergummi	*45 ct*
Anspitzer	*57 ct*

6 Schreibe alle Beträge als Kommazahlen. Ordne sie. Beginne mit dem kleinsten Wert.

7,45 €   425 ct   7 € 55 ct   4 € 15 ct   705 ct   457 ct

7 Wie viel Geld fehlt bis zum nächsten vollen Eurobetrag?

a) 3,90 € + ___ € = 4,00 €	b) 8,25 €	c) 4,42 €	d) 2,12 €	e) 1,27 €
5,50 € + ___ € = 6,00 €	6,13 €	9,05 €	4,48 €	8,54 €
7,35 € + ___ € = 8,00 €	7,08 €	1,71 €	3,05 €	9,29 €

8 | a) 5,80 € − ___ € = 5,00 € | b) 9,15 € | c) 5,44 € | d) 4,96 € | e) 6,12 € |
|---|---|---|---|---|
| 7,40 € − ___ € = 7,00 € | 4,63 € | 8,99 € | 2,25 € | 3,83 € |
| 9,75 € − ___ € = 9,00 € | 3,06 € | 2,85 € | 8,76 € | 5,55 € |

1 Wie viel Geld kosten Fingerfarbe und Filzstifte ungefähr zusammen? Verstehst du, wie Zahline gerechnet hat?

5 € + 3 €.

Pinsel	1,20 €
Lack	2,40 €
Seidenmalfarbe	2,35 €
Seidentuch	2,20 €
Schreibblock	0,75 €
Plakatkarton	0,59 €
Plakatstift	2,90 €
Filzstifte	2,99 €
Wachsmalstifte	3,70 €
Fingerfarben	4,90 €

2 Wie haben die Kinder den genauen Preis berechnet? Erkläre.

4,90 € + 2,99 € = 7,89 €

4,00 € + 2,00 € = 6,00 €
0,90 € + 0,99 € = 1,89 €
Jonas

4,90 € + 2,99 € = 7,89 €

4,90 € + 2,00 € = 6,90 €
6,90 € + 0,99 € = 7,89 €
Pia

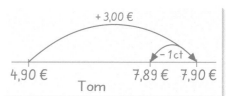

+ 3,00 €   – 1 ct
4,90 €   7,89 € 7,90 €
Tom

3 Wie viel Geld kostet es ungefähr zusammen? Wie viel kostet es genau?

a) Wachsmalstifte und Plakatkarton

b) Plakatstift und Schreibblock

c) Filzstifte und Lack

d) Seidenmalfarbe und Plakatstift

4
a) 3,60 € + 2,30 €
4,20 € + 3,50 €
6,40 € + 2,60 €

b) 4,70 € + 3,70 €
2,80 € + 6,30 €
1,90 € + 4,40 €

c) 6,40 € + 0,85 €
0,55 € + 8,70 €
0,95 € + 6,60 €

d) 2,70 € + 0,65 €
0,85 € + 7,15 €
0,75 € + 0,55 €

1,30 €   3,35 €   5,50 €   5,90 €   6,30 €   7,25 €   7,55 €   7,70 €   8 €   8,40 €   9 €   9,10 €   9,25 €

5 a) Wie viel bezahlen die Kinder?
b) Jedes Kind bezahlt mit einem 10-Euro-Schein. Wie viel Geld bekommen sie zurück?

Zwei Packungen Plakatstifte.

Ben

Ben
a) 2,90 € + 2,90 € = 5,80 €
b) 5,80 € + ___ € = 10,00 €

Plakatkarton und einen Schreibblock.

Sabrina

Einen Schreibblock und Wachsmalstifte.

Bastian

Ein Glas Seidenmalfarbe und Plakatkarton.

Kristina

Seidenmalfarbe und ein Seidentuch.

Sarah

6 Die beiden Ergebnisse zusammen ergeben immer 10 €.

a) 9,70 € – 3,40 €
7,20 € – 3,50 €

b) 5,40 € – 2,60 €
8,50 € – 1,30 €

c) 8,10 € – 2,30 €
9,10 € – 4,90 €

d) 6,20 € – 0,75 €
5,50 € – 0,95 €

7 Kann das stimmen?

a) Alina kauft zwei Plakatstifte. Sie soll 7 € bezahlen.

b) Herr Kästner soll 225 € bezahlen. Er hat nur drei Schreibblöcke gekauft.

c) Ben kauft drei Packungen Wachsmalstifte. „Ein 10-Euro-Schein reicht," meint er.

 Weitere Übungen Seite 134

Bilde Kettenaufgaben.

1

398 $\xrightarrow{+6}$ 597 $\xrightarrow{-58}$

539 $\xrightarrow{+59}$ 798 $\xrightarrow{-400}$ 404 $\xrightarrow{+200}$

604 $\xrightarrow{-7}$ 598 $\xrightarrow{+200}$

2

350 $\xrightarrow{+270}$ 578 $\xrightarrow{+50}$

585 $\xrightarrow{-7}$ 650 $\xrightarrow{+80}$ 730 $\xrightarrow{-380}$

628 $\xrightarrow{+22}$ 620 $\xrightarrow{-35}$

3

280 $\xrightarrow{+65}$ 296 $\xrightarrow{-100}$

196 $\xrightarrow{+77}$ 238 $\xrightarrow{+42}$ 200 $\xrightarrow{+38}$

345 $\xrightarrow{-49}$ 273 $\xrightarrow{-73}$

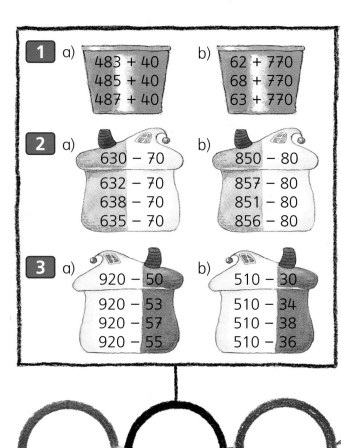

1 a)
483 + 40
485 + 40
487 + 40

b)
62 + 770
68 + 770
63 + 770

2 a)
630 − 70
632 − 70
638 − 70
635 − 70

b)
850 − 80
857 − 80
851 − 80
856 − 80

3 a)
920 − 50
920 − 53
920 − 57
920 − 55

b)
510 − 30
510 − 34
510 − 38
510 − 36

1 Schreibe alle Beträge als Kommazahlen und ordne sie.
Beginne mit dem kleinsten Wert.

359 ct   3,09 €   390 ct   30 € 90 ct   30 € 9 ct   30 € 19 ct

2
a) 5,30 € + 2,80 €
   1,30 € + 2,50 €
   4,70 € + 4,30 €

b) 4,40 € + 3,40 €
   6,50 € + 3,50 €
   3,80 € + 1,30 €

c) 0,99 € + 8,40 €
   7,10 € + 0,69 €
   3,99 € + 2,10 €

d) 2,99 € + 5,20 €
   0,79 € + 4,30 €
   3,99 € + 3,99 €

3,80 € 5,09 € 5,10 € 6,09 € 6,60 € 7,79 € 7,80 € 7,98 € 8,10 € 8,19 € 9,00 € 9,39 € 10,00 €

3
a) 9,80 € − 2,70 €
   5,90 € − 2,90 €
   4,30 € − 1,60 €

b) 8,70 € − 3,40 €
   6,50 € − 4,80 €
   3,40 € − 1,40 €

c) 9,10 € − 0,54 €
   3,40 € − 0,88 €
   6,90 € − 0,48 €

d) 2,21 € − 0,80 €
   8,44 € − 0,80 €
   4,63 € − 2,53 €

1,41 € 1,70 € 2,00 € 2,10 € 2,52 € 2,70 € 3,00 € 5,30 € 5,70 € 6,42 € 7,10 € 7,64 € 8,56 €

4 Wie viel Geld bekommst du von 10 € zurück?

5,70 €   7,95 €   8,10 €   6,35 €   7,05 €   5,85 €   5,99 €   9,23 €

1 Wie viel kostet es zusammen?

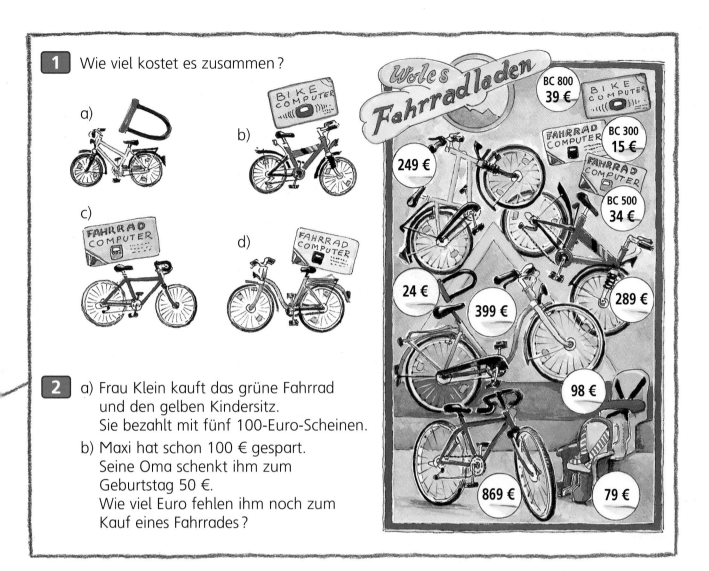

a)

b)

c)

d)

2 a) Frau Klein kauft das grüne Fahrrad und den gelben Kindersitz.
Sie bezahlt mit fünf 100-Euro-Scheinen.

b) Maxi hat schon 100 € gespart.
Seine Oma schenkt ihm zum Geburtstag 50 €.
Wie viel Euro fehlen ihm noch zum Kauf eines Fahrrades?

---

1 a)

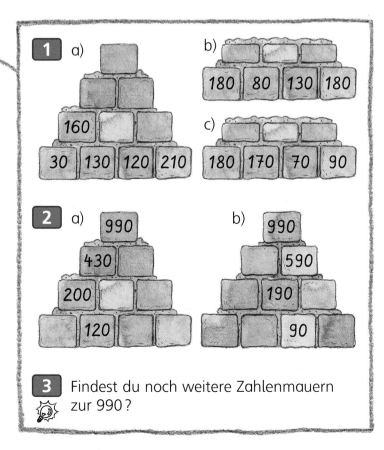

160

30 | 130 | 120 | 210

b)

180 | 80 | 130 | 180

c)

180 | 170 | 70 | 90

2 a)

990

430

200

120

b)

990

590

190

90

3 Findest du noch weitere Zahlenmauern zur 990?

Wie heißt die Zahl?

a) Sie hat drei gleiche Ziffern und liegt zwischen 250 und 400.

b) Sie hat drei gleiche Ziffern. Ihre Quersumme ist 21.

c) Ihr nächster Nachbarzehner ist 360. Ihre Quersumme ist 10.

d) Ihr nächster Nachbarzehner ist 450. Ihre Quersumme ist 15.

e) Ihr nächster Nachbarhunderter ist 900. Ihre Quersumme ist 10.

f) Ihr nächster Nachbarhunderter ist 500. Ihre Quersumme ist 22.

1 Im Tierheim „Tiere in Not e.V." wurden in einem Jahr 330 Hunde aufgenommen. Davon konnten 210 Hunde an neue Besitzer vermittelt werden.

Diese Tiere suchen ein Zuhause

F: Wie viele Hunde blieben im Tierheim?

L:

Insgesamt 330 Hunde	
Neue Besitzer 2 1 0	Tierheim

3 3 0 – 2 1 0 =

A:

2 Im selben Jahr wurden 310 Katzen aufgenommen. Davon konnten 240 an tierliebe Menschen weitervermittelt werden.

3 Es wurden 70 Menschen gefunden, die eines der 150 Kaninchen zu Hause aufnahmen.

4 Im Tierheim waren letztes Jahr 370 Hunde. Darunter waren 60 Dackel und 80 Terrier.

5 Von den 290 Katzen waren 130 getigert, 80 waren gefleckt und der Rest war schwarz.

6 *JAHRESBERICHT* _____ Tierheim Tiere in Not e.V. Hermann-Löns-Str. 72 _____

Jan. Febr. März	April Mai Juni	Juli Aug. Sept.	Okt. Nov. Dez.
55	70		85

Im Tierheim wurden im Jahr 2003 insgesamt 360 Katzen aufgenommen.
a) Wie viele Katzen wurden in den Sommermonaten Juli, August, September aufgenommen?
b) Warum werden zu dieser Zeit so viele Katzen aufgenommen?

7 **Frankenberg:** Das Tierheim „Ein Herz für Tiere" wurde im Jahr 2001 gegründet und blickt auf eine erfolgreiche Entwicklung zurück. Besonders bei der Vermittlung von Hunden konnten große

	2001	2002	2003	2004
Aufgenommene Hunde	200	240	190	220
Abgeholte Hunde	150	120	110	80
Vermittelte Hunde	40	90	90	130

a) Wie viele Hunde wurden insgesamt aufgenommen?
b) Wie viele Hunde wurden insgesamt von den Besitzern wieder abgeholt?
c) Wie viele Hunde wurden insgesamt vermittelt?
d) Wie viele Hunde sind am Ende des Jahres 2001 noch im Tierheim?
e) Wie viele Hunde sind am Ende des Jahres 2002 im Tierheim?
f) Wieso können im Jahr 2003 mehr Hunde abgeholt und vermittelt werden als aufgenommen worden sind?

Kartei

8 Wo gibt es in deiner Nähe ein Tierheim? Informiere dich.

Rechentabelle als Lösungshilfe

Arak und Ben

Bobbie

Dana

Karolins Eltern haben eine Hundepension.
Zur Zeit sind vier Dackel in Pflege. Die Dackel sollen acht Tage bleiben.

1 a) Bobbie bekommt jeden Tag einen Hundekuchen „Zahngut", um seine Zähne sauber zu halten.

F: Wie teuer ist das Zähneputzen für Bobbie?				
L: Hundekuchen „Zahngut"	1	2	4	8
Preis	ct	ct	ct	ct
A: Das Zähneputzen kostet für Bobbie			€.	

Doppelte Menge – doppelter Preis

Hundebisquit **Zahngut** 10 Stück

1,50 €

b) Wie teuer ist das „Zähneputzen" für alle vier Dackel zusammen?

2 Als Leckerei fressen alle Dackel zusammen an einem Tag 25 Röllchen.
Löse mit Hilfe einer Rechentabelle.
a) Wie viele Röllchen fressen sie in acht Tagen?
b) Wie viele Dosen Röllchen müssen Karolins Eltern für die Dackel kaufen?

Röllchen mit Mark 100 Stück

3 Dana frisst täglich fünf Knochen. Wie viele Tage reicht die Packung?

Knochen	5	10	100
Tage	1	2	

Zehnfache Menge – zehnfache Zeit

Knochen	5	50	100
Tage	1		

Lieblingsknochen **BONZO** 100 Stück

4 Arak mag am liebsten Geflügelcracker. Jeden Tag darf er sechs Stück fressen.

120 Stück Geflügel-Cracker

5 Das Futter für einen aufgenommenen Zwergdackel kostet Karolins Eltern täglich 3,50 €.
a) Wie viel Euro geben sie jeden Tag für die vier Dackel aus?
b) Wie viel Euro geben sie in acht Tagen für die vier Dackel aus?

6 Familie Neu bezahlt für Dana 7,50 € pro Tag für die Hundepension.
Sie fahren acht Tage in den Urlaub.

Ergänzen

1

2 Wie rechnest du?

a) 540 + ____ = 610 b) 630 + ____ = 830 c) 450 + ____ = 700 d) 230 + ____ = 600
540 + ____ = 780   638 + ____ = 938   580 + ____ = 640   415 + ____ = 915
540 + ____ = 940   630 + ____ = 790   360 + ____ = 650   790 + ____ = 940
545 + ____ = 645   630 + ____ = 820   620 + ____ = 760   470 + ____ = 830

60   70   100   140   150   160   190   200   240   250   290   300   360   370   400   460   500

3 a) 850 + ____ = 920 b) 515 + ____ = 595 c) 325 + ____ = 357 d) 809 + ____ = 909
850 + ____ = 890   570 + ____ = 630   425 + ____ = 453   550 + ____ = 608
858 + ____ = 888   565 + ____ = 615   690 + ____ = 710   234 + ____ = 300
858 + ____ = 882   574 + ____ = 600   836 + ____ = 872   418 + ____ = 494

20   24   26   28   30   32   36   40   50   58   60   66   70   76   78   80   100

4 Wie geht es weiter? Schreibe zu jedem Päckchen noch zwei Aufgaben dazu.

a) 370 + ____ = 410 b) 860 + ____ = 920 c) 270 + ____ = 320
360 + ____ = 420   760 + ____ = 820   280 + ____ = 330
350 + ____ = 430   660 + ____ = 720   290 + ____ = 340
340 + ____ = 440   560 + ____ = 620   300 + ____ = 350

Findest du noch Zahlenmauern zur 1000?

5 a) 1000 / 420 / 300 / 120

b) 1000 / 470 / 250 / 130

c) 1000 / 490 / 220 / 150

6

a) Jch denke mir eine Zahl. Wenn ich zu meiner Zahl 75 addiere, erhalte ich 500.

b) Jch denke mir eine Zahl. Wenn ich zu meiner Zahl 180 addiere, erhalte ich 540.

c) Jch denke mir eine Zahl. Wenn ich zu meiner Zahl 45 addiere, erhalte ich 435.

⑤ Zahlenmauer-Regel: Zwei benachbarte Zahlen addieren, das Ergebnis in der Mitte darüber notieren
☞ Weitere Übungen Seite 134

Suche dir einen Sack aus.

300 bis 400
800 bis 900
600 bis 700

1 a) Bilde eine Zahlenfolge: Schreibe alle Zahlen mit der Quersumme 10 der Größe nach auf. Beginne mit der kleinsten.

b) Betrachte die Zahlenfolge. Was fällt dir auf? Von Zahl zu Zahl immer _____.

c) Setze die Zahlenfolge fort. Schreibe noch drei Zahlen dazu. Welche Quersumme haben diese Zahlen?

2 Quersumme 19. Rechne wie in Aufgabe 1.

3 Bilde eine Zahlenfolge: Schreibe alle Zahlen der Größe nach auf. Beginne mit der kleinsten. Dann gib zu jeder Zahl die Quersumme an. Findest du eine Regelmäßigkeit?

a) *Zahlen, bei denen Zehner- und Einerziffer gleich sind.*

b) *Zahlen, bei denen die Zehnerziffer um 2 größer ist als die Einerziffer.*

c) *Zahlen, bei denen die Zehnerziffer halb so groß ist wie die Einerziffer.*

- -

4 Schau dir das Zauberquadrat von Albrecht Dürer genau an. Was stellst du fest?

5 Überprüfe das Quadrat von Dürer mit der Zauberregel. Was stellst du noch fest?

Zauberregel
In jeder Reihe, in jeder Spalte und in jeder Diagonale ist die Summe immer gleich.

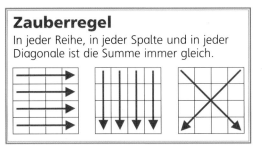

16	3	2	13
5	10	11	8
9	6	7	12
4	15	14	1

Albrecht Dürer: Melencolia I, 1514 (Ausschnitt)

 6 Bilde für deinen Partner ein Zauberquadrat. Denke an die Zauberregel.

7 a) Ergänze das Zauberquadrat nach der Zauberregel.

b) Zahlix hat einige Flächen eingefärbt. Addiere die vier Zahlen in den Flächen. Was stellst du fest?

c) Hier siehst du ein anderes Muster. Addiere nochmals. Was stellst du fest?

170	60		200
120	150		90
160			130
			80

Noch mehr Zauber.

170	60		200
120	150		90
160			130
			80

d) Suche weitere Muster. Wie viele verschiedene Muster findest du?

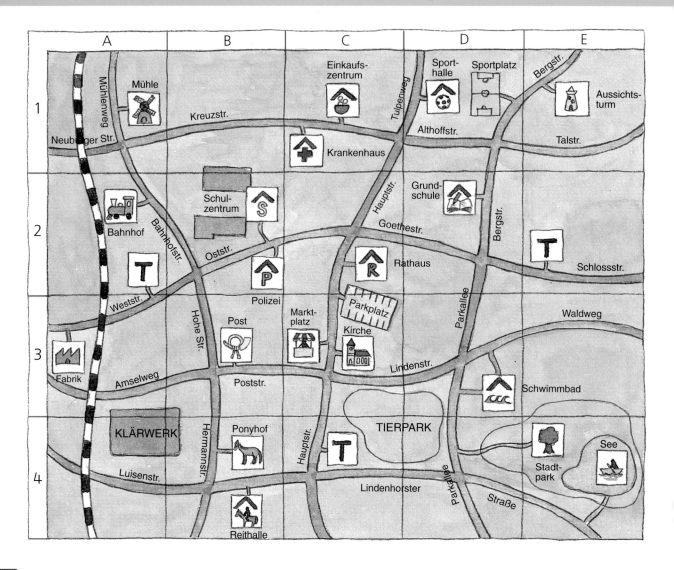

1 a) Was kannst du alles im Stadtplan sehen? Erzähle.
b) Findest du die Gebäude und Orte im Plan?

2 Der Plan ist in Quadrate eingeteilt. Jedes Planquadrat hat einen Namen: Das Rathaus liegt im Quadrat C 2.

Rathaus C 2	Sporthalle	Schwimmbad
Bahnhof	Mühle	Krankenhaus
See	Turm	Grundschule

3 Wohin wollen die Kinder wohl? Es gibt immer zwei Möglichkeiten.

C 3	B 4	C 1	D 1	A 2	E 4

Anja	Luca	Ina	Salim	Anne	Petra

1 Zeige die Wege und schreibe die Straßen auf.

a) Mehmet

Poststraße – Hauptstraße – Kreuzstraße

b) Anja

c) Corinna

2 Wie kommen die vier Kinder der Klasse 3a zur Schule? Schreibe die Straßen auf.

Jch wohne am Sportplatz.
Anne

Jch wohne neben der Post.
Alexander

Unser Haus liegt neben der Mühle.
Maria

Wir wohnen im Tulpenweg.
Sven

3 Ein Kind sagt, wo es wohnt. Die Partnerin nennt den Schulweg.

4 Lisa wohnt in der Hermannstraße. Sie biegt rechts in die Poststraße ein. Danach geht sie die erste Straße links. Sie wandert immer geradeaus und überquert zwei Straßen. Sie geht noch ein Stück geradeaus, dann wendet sie sich nach rechts. Was sieht sie?

5 Anna wohnt neben dem Aussichtsturm. Jhre Mutter geht jeden Morgen die Bergstraße hinunter am Sportplatz vorbei zur Arbeit. Sie biegt die erste Straße rechts ein. Dann überquert sie eine Straße. Sie geht noch ein Stück geradeaus. Dann betritt sie links ein Haus. Wo arbeitet Annas Mutter?

6 Alexander wohnt neben der Post. Er geht die Poststraße Richtung Amselweg. Er biegt die erste Straße links ein und geht die nächste Straße wieder links. Sein Ziel liegt auf der rechten Seite. Wohin geht er?

7 Es ist Sonntag. Sven und seine Eltern gehen den Tulpenweg entlang Richtung Zentrum. Sie gehen immer geradeaus vorbei am Rathaus und am Parkplatz. Sie betreten das Gebäude auf der linken Seite. Wohin geht die Familie?

8 Richtig oder falsch?
a) Die Hohe Straße biegt links ab vom Amselweg.
b) Die Hermannstraße biegt links ab von der Poststraße.
c) Wenn man von der Sporthalle zum Marktplatz fährt, sieht man das Rathaus auf der rechten Seite.
d) Wenn man vom Rathaus zur Post fährt, muss man einmal links abbiegen.

1 Ordne zu. Wer sieht welches Bild?

A  B  C  D

2 Richtig oder falsch?

a) Vater sieht Mutter.
b) Die Kinder sehen den Briefträger.
c) Der Nachbar sieht Vater.
d) Die Kinder spielen im Garten.
e) Mutter schaukelt.
f) Der Nachbar sieht das Auto.
g) Es ist Winter.
h) Der Briefträger hat Post für die Eltern.
i) Die Terrasse ist vor dem Haus.
j) Mutter ist im Haus.

3 Von welcher Stelle aus wurden die Fotos gemacht?

1

a) Bilde aus den drei Ziffernkärtchen sechs verschiedene Zahlen.
Wie sind die Zahlen geordnet?
Ergänze die fehlenden Zahlen.

b) Subtrahiere von der größten Zahl eine kleinere Zahl. Es gibt fünf Möglichkeiten. Rechne alle.

2 Bilde die Zahlenfahne und rechne wie in Aufgabe 1.

a)

b)

c)

3 a) Vergleiche die Ergebnisse von Aufgabe 1 und Aufgabe 2. Was fällt dir auf?

b) Schaue dir die Ergebniszahlen genauer an.

Alle Ergebnisse kann man . . . . . . teilen.

 4 Findest du weitere Geheimnisse beim Subtrahieren in der Zahlenfahne?

- -

5 Zahline steckt sich eine Schleife vor ihr rechtes Ohr und schaut sich im Spiegel an.
Wie kann sie sich sehen?

A   B   C   D

- -

6 Zeichne die Muster weiter.

a)

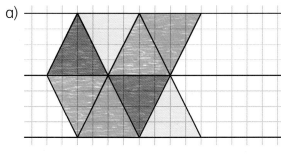

b)

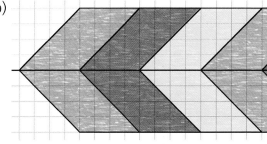

c)

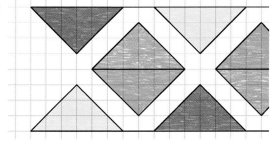

d)

1

Länge des Weges von zu Hause zum Sportplatz:

ungefähr 4 ____

Länge von Alexanders Fußballschuhen:

24 ____

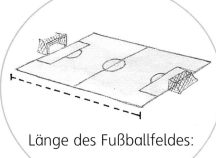

Länge des Fußballfeldes:

100 ____

Kilometer (km),
Meter (m),
Zentimeter (cm)
oder
Millimeter (mm)?

Stollenlänge an Alexanders Fußballschuhen:

16 ____

Eine Runde auf der Lauf-
bahn des Sportplatzes:

400 ____

Umfang des Fußballs:

70 ____

Länge der Rückennummer auf Alexanders Trikot:

26 ____

Entfernung der Strafraumlinie zum Tor:

16,50 ____

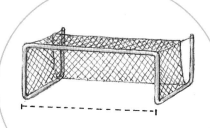

Breite des Fußballtors:

7,32 ____

2 Ordne zu: 12 mm   11 cm   24 cm   35 cm   44 cm   50 cm

Schuhlänge Schrittlänge Kopfumfang Daumenbreite Spannenlänge Länge des Unterarms

Zentimeter und Millimeter

1 Wie lang ist der Streifen? Sebastian meint: „Etwas länger als 6 Zentimeter."
Sabrina sagt es genauer: „6 Zentimeter und 3 Millimeter."
Hakan sagt: „Es sind 63 Millimeter."

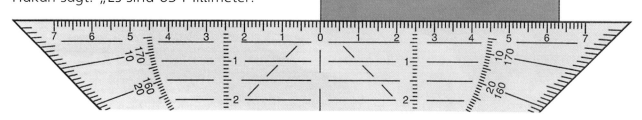

2 Hier sind Schmetterlinge in Originalgröße abgebildet. Hast du sie schon einmal gesehen?
Vergleiche ihre Größe, miss ihre Länge und Spannweite.

a) Kleiner Eisvogel

b) Tagpfauenauge

c) Bläuling

3 Körperlängen von Insekten:

Fliege 17 mm	Biene 16 mm	Mücke 11 mm	Libelle 66 mm
Wespe 22 mm	Hummel 23 mm	Hornisse 25 mm	Tausendfüßler 40 mm

a) Zeichne die Körperlänge der Insekten
mit dem Geodreieck oder einem Lineal
als Strecke in dein Heft.

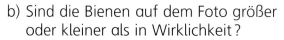 Fliege
17 mm

b) Sind die Bienen auf dem Foto größer
oder kleiner als in Wirklichkeit?

c) Lies im Lexikon oder im Internet nach.
Wie lang ist

ein Marienkäfer,   ein Floh,
eine Ameise,   eine Blattlaus?

4 Zeichne mit dem Geodreieck oder dem Lineal die Strecken.
Wie viel Millimeter sind es?

a = 6 cm 5 mm   b = 3 cm 3 mm   c = 5 cm 7 mm   d = 1 cm 4 mm

1 cm = 10 mm

5 Zeichne: a = 8 cm   b = 12 cm   c = 19 cm   d = 22 cm

6 Wie viel Zentimeter und Millimeter sind es? Zeichne auch diese Strecken.

a = 77 mm   b = 46 mm   c = 90 mm   d = 105 mm   e = 114 mm

7 Miss! Gib die Länge in Millimeter an, dann schreibe auch in Zentimeter und Millimeter.
Radiergummi   Bleistift   Anspitzer   Buntstift   Mäppchen

Erst planen …

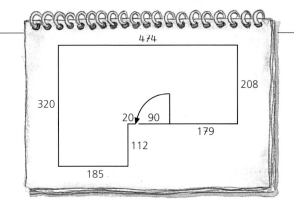

1 Bald will Fredericks Familie umziehen. Das ist der Plan von Fredericks neuem Kinderzimmer. Was bedeuten die Zahlen im Plan?

Plan-Beschriftungen: 474, 208, 320, 20, 90, 179, 112, 185

2 Gib die Längen in Meter und Zentimeter an.
Schreibe so: 474 cm = 4 m 74 cm

3 Frederick hat Einrichtungsgegenstände aus seinem alten Kinderzimmer gemessen.
Wie viel Zentimeter sind es? Wo kann Frederick die Möbel hinstellen?

Kleiderschrank   1 m 70 cm   Schreibtisch   1 m 65 cm
Spielzeugkiste   1 m 10 cm   Garderobe   1 m 9 cm
Bett   2 m

1 m = 100 cm

4 Schreibe in Zentimeter.

a) 3 m 65 cm   b) 1 m 50 cm   c) 6 m 5 cm   d) 10 m 50 cm
   4 m 27 cm   8 m 20 cm   9 m 8 cm   10 m 25 cm

5 Frederick braucht für sein neues Zimmer ein Regal.

Diese Dinge sollen im neuen Regal Platz finden.

13 cm

4 cm   6 cm   35 cm

Einlegeböden (40 cm tief)		Seitenteile (Preis für 2 Stück)	
50 cm breit	**2,75 €**	165 cm hoch	**4,00 €**
80 cm breit	**3,75 €**	110 cm hoch	**3,50 €**

 Wir können sogar das fertig eingerichtete Regal zeichnen.

 So habe ich einen 50 cm breiten Regalboden gezeichnet.

a) Welche Einlegeböden benötigt Frederick?
b) Welche Teile soll Frederick im Baumarkt kaufen?
c) Wie viel Euro kostet es?
d) Wie kann Frederick sein Regal einrichten?

6 Millimeter, Zentimeter, Meter oder Kilometer?

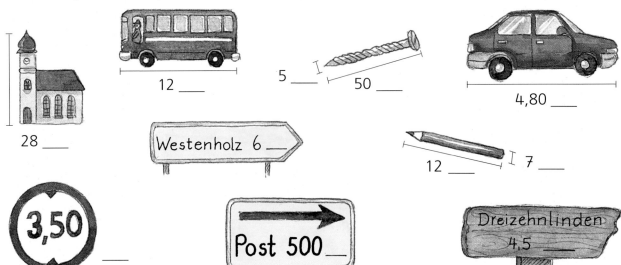

12 ____   5 ____ 50 ____   4,80 ____

28 ____   Westenholz 6 ____   12 ____   7 ____

3,50 ____   Post 500 ____   Dreizehnlinden 4,5 ____

... dann umziehen

2,1 m sind
2 m 10 cm

1 a) Wo stehen diese Verkehrszeichen?
  b) Was bedeuten diese Verkehrszeichen?
  c) Wie viel Meter und Zentimeter sind es?

m	cm
2	1 0

2 a) Fredericks Vater hat für den Umzug einen Lastwagen gemietet. Er ist 3,62 m hoch und 2,70 m breit. Wo kann er hindurch fahren, wo nicht?

1 2
(2,75) (4,05)

3 4
(3,50) (2,40)

b) Fredericks Onkel hilft beim Umzug. Sein Transporter ist 2,57 m hoch und 1,94 m breit. Wo kann er hindurch fahren, wo nicht?

3 Gib die Breite oder die Höhe auf den Schildern auch in den anderen Schreibweisen an.
Schreibe: a) 2,75 m = 2 m 75 cm = 275 cm

4 Übertrage die Tabelle in dein Heft und fülle sie aus.

135 cm			200 cm		108 cm		95 cm
1m 35 cm	2 m 15 cm			3 m 40 cm			
1,35 m		4,50 m				2,05 m	

5 Fredericks Mutter besorgt im Baumarkt Fußleisten.
Sie findet einige Sonderangebote in der Restekiste.
Lege zwei Leisten aneinander. Wie lang sind sie zusammen?
a) Gib fünf Beispiele an.
b) Es gibt insgesamt zehn verschiedene Längen. Findest du sie alle?

6 a) Drei Leisten aneinander gelegt sollen zwischen 6 m und 6,50 m lang sein. Es gibt verschiedene Möglichkeiten. Gib drei Beispiele an.
b) Du kannst mit drei Leisten auch genau 6 m erreichen. Es gibt zwei Möglichkeiten. Findest du beide?

7 Die drei Ergebnisse ergeben zusammen immer 7,30 m.

a) 10,00 m − 5,40 m   b) 6,50 m − 3,80 m   c) 9,40 m − 5,80 m   d) 6 m − 4,80 m
  8,30 m − 7,40 m   5,30 m − 2,50 m   6,80 m − 4,90 m   9 m − 3,40 m
  5,60 m − 3,80 m   9,40 m − 7,60 m   8,10 m − 6,30 m   7 m − 6,50 m

1 Die Klasse 3 a fährt in den Tierpark. Wie viele Tiere sind in den verschiedenen Gehegen? Miss. 5 mm im Balkendiagramm bedeuten ein Tier.

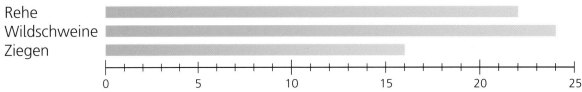

2 Im Tierpark werden die Besucher pro Tag gezählt. Die Besucherzahlen werden anschaulich in einem Balkendiagramm dargestellt. 1 mm bedeutet ein Besucher.

Eine Woche im Januar

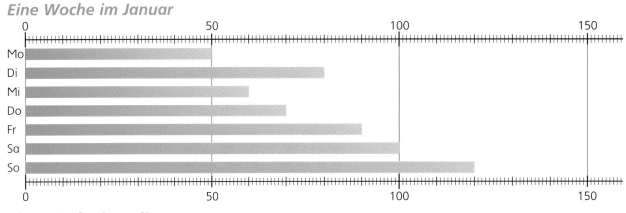

Eine Woche im Juli

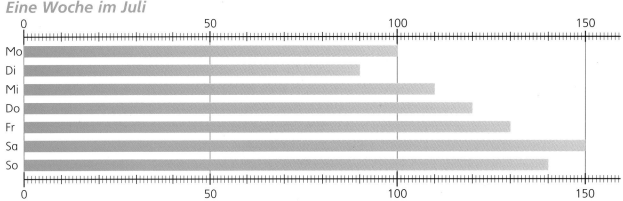

a) Wie viele Personen besuchten den Tierpark am Dienstag im Januar (am Sonntag im Juli)?
b) An welchem Tag waren die meisten (die wenigsten) Besucher im Tierpark?
c) Wie viele Besucher kamen in der Januar-Woche (in der Juli-Woche) insgesamt?

3 Hier sind die Besucherzahlen für eine Woche in anderen Monaten. Zeichne selbst Balkendiagramme zu den Besucherzahlen. Zeichne 1 mm für einen Besucher.

Besucherzahlen einer Woche im Mai

	Mai	Okt.	Dez.
Mo	98	71	59
Di	78	59	48
Mi	86	68	52
Do	102	67	51
Fr	128	70	61
Sa	164	134	74
So	178	149	79

4 a) Wie viele Besucher kamen in der Mai-Woche insgesamt?
   Wie viele in der Oktober-Woche? In der Dezember-Woche?
b) Vergleiche die Ergebnisse und versuche sie zu erklären.

1 In der Regenbogenschule gibt es drei Parallelklassen, die Klassen 3a, 3b und 3c.
Wie viele Kinder sind in jeder Klasse? 5 mm im Balkendiagramm bedeuten ein Kind.

Klasse 3a
Klasse 3b
Klasse 3c

2 In der Eichenschule gibt es vier Parallelklassen. Die Klasse 3a hat die wenigsten Schüler,
die Klasse 3b hat mehr Schüler als die Klasse 3d, die Klasse 3c hat die meisten Schüler.
Wie viele Kinder sind in jeder Klasse? 5 mm im Balkendiagramm bedeuten ein Kind.

3 Eva, Lisa, Kathrin und Mira laufen um die Wette. Die Lehrerin stoppt die Zeit.
Lisa war die Schnellste. Eva brauchte die meiste Zeit. Kathrin war schneller als Mira.
Welche Zeit liefen die Kinder?

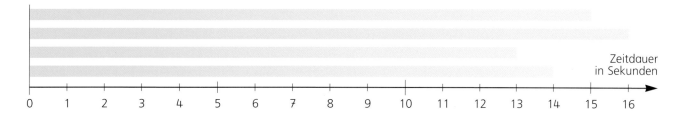

Zeitdauer
in Sekunden

0 1 2 3 4 5 6 7 8 9 10 11 12 13 14 15 16

4 Die Kinder haben ihre Größe gemessen.
David ist der Kleinste. Theresa ist die Größte.
Jan ist größer als Lena.
Wie groß sind die Kinder?
Lies am Balkendiagramm ab.

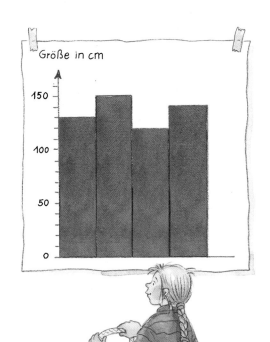

5 Anna, David, Helen, Lea und Mark vergleichen ihr
Alter.
David ist 14 Jahre alt und ein Jahr älter als Mark.
Lea ist 4 Jahre jünger als David und 2 Jahre älter
als Anna.
Helen ist halb so alt wie Anna.
Zeichne ein Balkendiagramm. 1 Jahr bedeutet 1 cm.

6 Sarah, Lisa, Tom, Sven und Kim vergleichen auch ihr Alter.
Sven ist 12 Jahre alt und 2 Jahre jünger als Sarah.
Tom ist 3 Jahre jünger als Sarah und ein Jahr älter als Lisa.
Kim ist 3 Jahre älter als Lisa.
Zeichne ein Balkendiagramm. 1 Jahr bedeutet 1 cm.

1 Lege mit Rechengeld, dann addiere. Schreibe wie Zahlix und Zahline.

H	Z	E
1	2	6
+ 2	4	8
	1	
		4

8 E + 6 E = 14 E
14 E = 1 Z 4 E

2 Lege mit Rechengeld, dann addiere. Schreibe wie Zahlix und Zahline.

a)

3	5	8
1	3	6

3	4	2
2	7	9

3	2	8
1	6	5

b)

2	7	5
2	5	1

2	6	9
4	6	0

1	8	6
2	9	1

c)

4	8	6
3	4	2

1	0	9
7	6	4

2	1	8
4	8	4

Zuerst die Einer,

5 + 7 = 12

dann die Zehner,

7 + 8 = 15

dann die Hunderter.

3 + 4 = 7

5 Einer + 7 Einer = 12 Einer.
Schreibe 2 Einer,
übertrage 1 Zehner.

7 Zehner + 8 Zehner = 15 Zehner.
Schreibe 5 Zehner,
übertrage 1 Hunderter.

3 Hunderter + 4 Hunderter
= 7 Hunderter.
Schreibe 7 Hunderter.

1 Zuerst die Einer, dann die Zehner, dann die Hunderter.

a)	H	Z	E		b)	H	Z	E		c)	H	Z	E		d)	H	Z	E		e)	H	Z	E		f)	H	Z	E
	3	2	5			2	4	4			5	8	7			2	2	6			7	6	7			6	4	2
+	4	1	6		+	4	5	3		+	2	5	7		+	7	6	9		+	1	5	2		+	3	4	7

697   741   785   844   919   989   995

2
a) 324
+ 237

b) 458
+ 324

c) 492
+ 281

d) 563
+ 286

e) 451
+ 287

f) 428
+ 281

g) 589
+ 338

561   709   738   773   782   849   891   927

3 Schreibe untereinander, dann rechne.

a) 118 + 137
457 + 215

b) 266 + 436
409 + 256

c) 96 + 316
197 + 278

d) 87 + 258
143 + 357

e) 159 + 117
434 + 276

255   276   345   412   475   500   585   665   672   702   710

4 Schreibe auch hier richtig untereinander. Aufpassen!

a) 382 + 57
238 + 49

b) 67 + 226
78 + 444

c) 85 + 585
73 + 408

d) 206 + 439
283 + 407

e) 382 + 54
66 + 257

287   293   323   346   436   439   481   522   645   670   690

5
a) Addiere
256 und 375.

b) Berechne die Summe
von 437 und 189.

c) Berechne das
Doppelte von 137.

d) Wie groß ist die Summe
von 266 und 388?

6
a) Berechne die Summe
von 137 und 228.

b) Berechne das
Doppelte von 288.

c) Addiere die
beiden Ergebnisse.

d) Ergänze
bis 1000.

7 Zum Knobeln. Für alle drei Aufgaben gilt: Gleiches Zeichen, gleiche Ziffer.

a)

b)

c)

Weitere Übungen Seite 134

1

a)
364	271	263	318
+ 423	+ 614	+ 534	+ 441
759	787	797	877	885

b)
635	347	465	538
+ 248	+ 419	+ 253	+ 281
718	766	777	819	883

c)
466	384	547	239
+ 256	+ 479	+ 197	+ 492
722	731	744	863	877

Plus-Stationen

2

Besondere Ergebnisse.

a)
436	346
+ 264	+ 454

227	507
+ 373	+ 393

487	167
+ 513	+ 333

BÜCHER

3

Schreibe richtig untereinander.

a) 147 + 156
143 + 189
128 + 236

b) 148 + 69
352 + 48
287 + 95

c) 72 + 348
56 + 265
94 + 164

Drei Ergebnisse zusammen 999.

5

4

a)
```
  3 ▨ 5
+ 2 1 ▨
  ▨ 6 9
```

b)
```
  4 2 ▨
+ ▨ ▨ 2
  7 7 8
```

c)
```
  ▨ ▨ ▨
+ 5 4 6
  8 7 9
```

a)
```
  4 3 ▨
+ 2 ▨ 8
  ▨ 9 3
```

b)
```
  3 6 ▨
+ 2 ▨ 5
  ▨ 3 9
```

c)
```
  ▨ ▨ ▨
+ 1 1 7
  3 5 1
```

SCHULE

$$\begin{array}{r}359\\+106\\+328\end{array}$$

8…14…23

Schreibe 3, übertrage 2.

$$\begin{array}{r}283\\+308\\+321\\\hline\end{array}\qquad\begin{array}{r}639\\+235\\+57\\\hline\end{array}\qquad\begin{array}{r}428\\+89\\+326\\\hline\end{array}\qquad\begin{array}{r}747\\+26\\+167\\\hline\end{array}$$

793 843 887 912 931 940

Quersumme 19

7

177 + 106 + 303
314 + 277 + 337
273 + 487 + 231
94 + 628 + 197

Quersumme 17

8

187 + 94 + 256 + 416
309 + 63 + 326 + 264
255 + 78 + 548 + 54
46 + 96 + 608 + 158

9

Wie viel Geld fehlt noch bis 1000 €?

509 € + 358 € + 124 €
96 € + 657 € + 239 €
462 € + 138 € + 399 €
325 € + 153 € + 507 €

1 €   8 €   9 €   15 €   30 €

10

a) Mutter kauft für Ina Skates zu 119 € und Zubehör zu 115 €.
b) Ina kauft sich noch Handschuhe zu 24 € und Ersatzrollen zu 39 €.

11

a) Addiere 179 und 228. Zum Ergebnis addiere noch 259. Das Ergebnis ist eine besondere Zahl.

b) Addiere 247 und das Doppelte von 376. Das Ergebnis ist eine besondere Zahl.

BANK

RATHAUS

Alles für den Sport

POST

2

$$\begin{array}{r}2\ 4\\+3\ 1\ 0\\+\ \ 4\ 1\\\hline 7\ \ \ 7\end{array}\qquad\begin{array}{r}3\\+4\ 0\ 7\\+1\ 1\ 0\\\hline 6\ \ \ 6\end{array}\qquad\begin{array}{r}4\ 6\\+\ \ 4\ 3\\+1\ 2\ 2\\\hline 8\ \ \ 8\end{array}\qquad\begin{array}{r}1\ 8\ 6\\+\ \ \ \ 8\\+4\ 0\ 7\\\hline 9\ \ \ 9\end{array}\qquad\begin{array}{r}+2\ 0\ 2\\+1\ 2\ 8\\\hline 5\ 8\ 5\end{array}\qquad\begin{array}{r}+2\ 2\ 2\\+1\ 2\ 5\\\hline 7\ 3\ 7\end{array}$$

Im Kopf oder schriftlich?

1 Welche Aufgaben rechnest du im Kopf? Welche schriftlich?

Die kann ich im Kopf!

Die rechne ich lieber schriftlich.

im Kopf

300 + 418 = 718

130 + 420 = 550

207 + 400

187 + 436

399 + 398

368 + 517

687 + 91

409 + 451

750 + 130

199 + 200

schriftlich

274 + 468

```
  274
+ 468
  1 1
───────
  742
```

2

399 + 378

400 + 378, dann 1 weniger

400 + 377

a) 299 + 627
   199 + 403
   399 + 157

b) 699 + 137
   499 + 258
   599 + 217

c) 178 + 299
   133 + 399
   431 + 499

d) 398 + 283
   298 + 645
   298 + 299

3

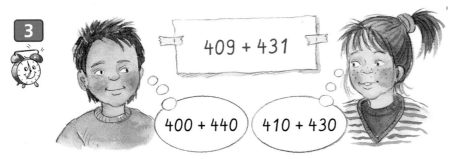

409 + 431

400 + 440

410 + 430

a) 409 + 331
   407 + 553
   405 + 265

b) 309 + 671
   709 + 121
   506 + 144

c) 788 + 202
   355 + 105
   637 + 203

d) 432 + 308
   291 + 609
   536 + 304

4 Im Kopf oder schriftlich? Wie geht es schneller? Entscheide bei jeder Aufgabe neu.
Alle Ergebnisse haben die Quersumme 12.

Achte auch auf Wecker-Aufgaben.

a) 250 + 320
   410 + 304
   312 + 312
   99 + 246
   352 + 200
   524 + 289

b) 80 + 580
   61 + 221
   200 + 415
   178 + 455
   401 + 133
   480 + 450

c) 300 + 140 + 400
   107 + 403 + 204
   150 + 202 + 200
   246 + 417 + 258
   302 + 302 + 299
   350 + 200 + 101

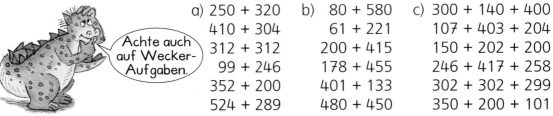

5 Bei jedem Ergebnis ist die Quersumme 9 oder 18.

a) (400 | 580 | 688) + (140 | 203 | 275)

b) (200 | 209 | 290) + (520 | 646 | 700)

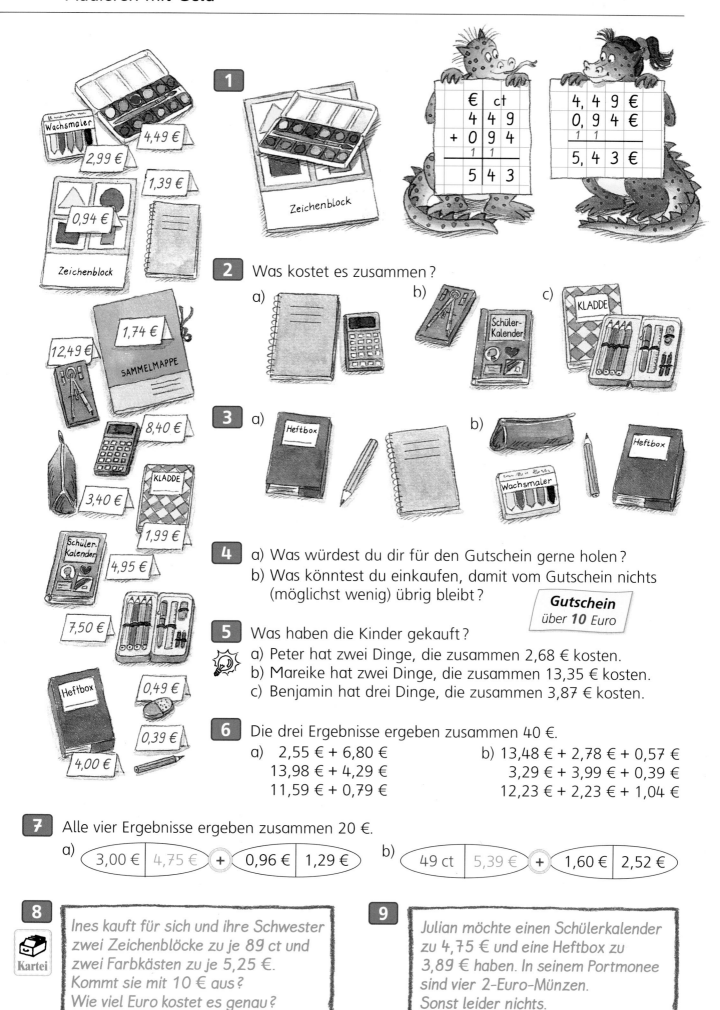

1

Zeichenblock

	€		ct	
		4	4	9
+		0	9	4
		1	1	
		5	4	3

4,	4	9 €
0,	9	4 €
1	1	
5,	4	3 €

2 Was kostet es zusammen?

a)   b)   c)

3 a)   b)

4 a) Was würdest du dir für den Gutschein gerne holen?
b) Was könntest du einkaufen, damit vom Gutschein nichts (möglichst wenig) übrig bleibt?

Gutschein über **10** Euro

5 Was haben die Kinder gekauft?
a) Peter hat zwei Dinge, die zusammen 2,68 € kosten.
b) Mareike hat zwei Dinge, die zusammen 13,35 € kosten.
c) Benjamin hat drei Dinge, die zusammen 3,87 € kosten.

6 Die drei Ergebnisse ergeben zusammen 40 €.
a)   2,55 € + 6,80 €   b) 13,48 € + 2,78 € + 0,57 €
13,98 € + 4,29 €   3,29 € + 3,99 € + 0,39 €
11,59 € + 0,79 €   12,23 € + 2,23 € + 1,04 €

7 Alle vier Ergebnisse ergeben zusammen 20 €.
a) (3,00 € | 4,75 € (+) 0,96 € | 1,29 €)   b) (49 ct | 5,39 € (+) 1,60 € | 2,52 €)

8
Ines kauft für sich und ihre Schwester zwei Zeichenblöcke zu je 89 ct und zwei Farbkästen zu je 5,25 €. Kommt sie mit 10 € aus? Wie viel Euro kostet es genau?

Kartei

9
Julian möchte einen Schülerkalender zu 4,75 € und eine Heftbox zu 3,89 € haben. In seinem Portmonee sind vier 2-Euro-Münzen. Sonst leider nichts.

☞ Weitere Übungen Seite 135

Preisschilder: Wachsmaler 2,99 €, 4,49 €, 1,39 €, Zeichenblock 0,94 €, 1,74 €, 12,49 €, SAMMELMAPPE, 8,40 €, 3,40 €, KLADDE 1,99 €, Schüler-Kalender 4,95 €, 7,50 €, Heftbox 0,49 €, 0,39 €, 4,00 €

1

2 Spielt in Kleingruppen. Ein Kind wählt die Aufgabe und rechnet wie Artur.
Die anderen Kinder schreiben einen Überschlag auf. Vergleicht die Überschläge.

a) 123 + 288   b) 449 + 207   c) 721 + 179   d) 438 + 407   e) 264 + 509

f) 612 + 379   g) 157 + 619   h) 241 + 456   i) 512 + 436   j) 327 + 227

3 Überschlage erst. Dann rechne genau.

a) 187 + 524   b) 119 + 371   c) 247 + 347
316 + 268   393 + 215   257 + 455
412 + 389   723 + 202   153 + 649
291 + 323   417 + 472   275 + 261
504 + 279   679 + 208   459 + 342

490   536   584   594   608   614   711   712   714   783   801   801   802   887   889   925

Ü: 2 0 0 + 5 0 0 = 7 0 0

1 8 7
+ 5 2 4

Hast du gut überschlagen?

4 Die Kinder haben Überschläge notiert. Wer ist näher dran? Rechne genau.

a) 248 + 329

Carsten	Sonja	Niklas
200 + 300 = ___	300 + 300 = ___	250 + 350 = ___

b) 429 + 450

Carsten	Sonja	Niklas
400 + 450 = ___	400 + 500 = ___	430 + 450 = ___

5 Stimmt das?

a) Carolin hat 188 Sticker in ihrem Album, Jasmin 207. Jasmin sagt: „Zusammen sind das fast 400 Sticker."

b) Herr Strunz hat für neue Winterreifen 179 € pro Stück bezahlt. Er sagt: „Für 4 Reifen sind das mehr als 800 €."

c) Jakob hat 154 Sammelbilder in seinem Album. Sein Freund Moritz hat genau doppelt so viele Bilder. „Zusammen haben wir fast 400 Bilder," sagt Moritz.

d) Am Samstag hat Frau Moll auf dem Trödelmarkt 118 € eingenommen. Am Sonntag war es sogar etwas mehr als doppelt so viel. Zufrieden sagt sie: „Das sind für beide Tage zusammen ungefähr 350 €."

② Entweder Karten mit rückseitig aufgedruckter Lösung oder Einsatz des Taschenrechners

1

2 Dasselbe Schlüsselbrett, zwei andere Schatztruhen.
Welche Schlüssel passen? Wie heißen die Schatzzahlen?

3 Rechne nur die sieben Aufgaben, deren Ergebnisse zwischen 600 und 700 liegen.

a) 214 + 421	b) 362 + 290	c) 251 + 433	d) 351 + 213	e) 303 + 452
587 + 199	496 + 218	495 + 194	511 + 239	425 + 247
351 + 223	109 + 538	356 + 314	489 + 274	212 + 555

635   647   652   670   672   684   689   694

4 Anne hat drei Aufgaben falsch gerechnet. Überschlage und rechne richtig.

a)	6 3 8	b)	6 7 8	c)	5 9 9	d)	3 2 1	e)	2 9 8
	+ 2 8 3		+ 2 4 3		+ 1 9 8		+ 1 8 1		+ 4 9
			1 1		2 1		1		1
	8 1 1		9 2 1		8 9 7		5 0 2		7 8 8

5

Domino-Day

Samstag, 16. 11. 2002

Neuer Weltrekord!

Mit fast vier Millionen Dominosteinen fielen beim „Domino-Day 2002" so viele Steine wie nie zuvor.

Acht Wochen lang hatten der Niederländer Paul Wajers und seine 89 Helfer (13 Deutsche, 8 Franzosen, 1 Italiener, 2 Spanier, 2 Schweden, 2 Belgier, 3 Österreicher und 58 Niederländer) aufgebaut. „Backstreet Boy" Nick Carter stellte kurz vor 21 Uhr den allerletzten Dominostein auf. Daraufhin folgten 92 Minuten fieberhaftes Daumendrücken – und der neue Rekord war perfekt. Mit den umgekippten fast vier Millionen Dominos liegt Wajers mit seinem Team über seinem eigenen Rekord von dreieinhalb Millionen Steinen aus dem Vorjahr.

1 a) Wie viele Steine sind für den Weltrekord umgefallen?
b) Wie lange hat es gedauert, bis die Steine gefallen sind?
c) Wie viele Personen haben die Steine aufgebaut?
d) Wie lange haben sie für den Aufbau benötigt?

2 Klasse 3a und Klasse 3b der Marienschule wollen bei ihrem Schul-Domino-Day gegeneinander antreten. Klasse 3a will einen Drachen, eine Doppelschlange, eine Blüte und die Baumkrone aufbauen. Zwischen zwei Motive müssen jeweils zehn Verbindungssteine gebaut werden.
a) Wie viele Steine verbaut die Klasse 3a?
b) Beim Umkippen bleiben 35 Steine stehen.

Drache	Schlange	Doppel-schlange	Blüte	Acht mit Treppentunnel	Baumkrone
130 Steine	60 Steine	120 Steine	100 Steine	80 Steine	150 Steine

3 a) Die Klasse 3b baut fünf verschiedene Bilder auf. Zusammen sind das 560 Steine. Dazu kommen noch 40 Verbindungssteine. Welche Bilder hat die Klasse aufgebaut?
b) Beim Umkippen bleiben 85 Steine stehen.

4 Jonas und Ellen bauen zu Hause drei verschiedene Bilder auf. Insgesamt verbauen sie 300 Steine. Davon sind 20 Verbindungssteine.

5 Ellen kann 10 Steine in 30 Sekunden aufstellen. Wie lange braucht sie für
a) eine Baumkrone,   b) eine Doppelschlange,   c) einen Drachen,   d) eine Blüte?
Eine Rechentabelle kann dir helfen.

① Weitere Informationen dazu im Internet

1 Stecke dieselben Ziffernkärtchen anders auf die Pfeile und rechne. Manchmal erhältst du trotzdem dasselbe Ergebnis.

2 Stecke diese Ziffernkärtchen auf zwei Pfeile und ziele.

Gute Schützen treffen mehrmals.

a) Ergebnis kleiner als 500

b) Ergebnis größer als 1000

c) zwischen 600 und 800

3 Wählt selbst sechs verschiedene Ziffernkärtchen und zielt wie in Aufgabe 2.

4 Stecke diese Ziffernkärtchen auf die Pfeile und ziele.

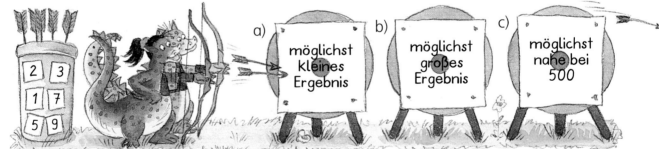

a) möglichst kleines Ergebnis

b) möglichst großes Ergebnis

c) möglichst nahe bei 500

5 Wählt sechs verschiedene Ziffernkärtchen. Zielt damit wie in Aufgabe 4.

6 Mit welchen Ziffernkärtchen trefft ihr hier?

a) genau 666

b) genau 444

c) genau 505

d) genau 1000

e) genau 340

Zum Spielen kann die Stellentafel auf dem Umschlag benutzt werden

Gewicht

1 Was ist schwerer? Nimm in die Hand und vergleiche.
Stuhl und Papierkorb,   Becher und Tasse,   Ranzen und ...

2 Vergleicht eure Ranzen.
a) Welcher Ranzen ist schwerer?   b) Welcher Ranzen ist am schwersten?

3 Ordne die Gegenstände nach ihrem Gewicht. Schätze, dann prüfe nach.

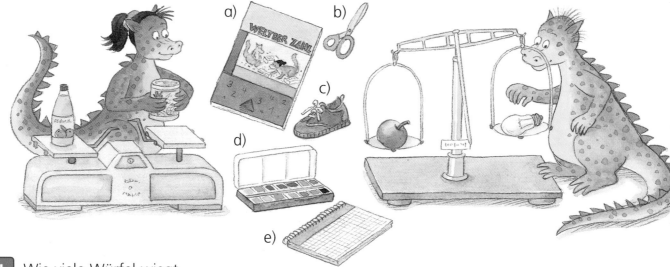

4 Wie viele Würfel wiegt
a) das Mathematikbuch,
b) das Sprachbuch,
c) das Mäppchen?

5 Wiege mit der Tafelwaage.
Nimm Steckwürfel und gleiche Schrauben.

	Steckwürfel	Schrauben
Lineal		
Radier-gummi		
Bleistift		

Gramm und Kilogramm

1 Ordne die Gegenstände nach ihrem Gewicht. Schätze, dann prüfe nach.
a) Welche Waage benutzt du?
b) Wie schwer sind die Gegenstände?

1 2 3 4 5 6 7

2 Wiege dich selbst und wiege deine Schultasche.
Bist du mehr oder weniger als zehnmal so schwer wie deine Tasche?

3

$1 \text{ kg} = \underline{\qquad} \text{ g}$ $\frac{1}{2} \text{ kg} = \underline{\qquad} \text{ g}$ $\frac{1}{4} \text{ kg} = \underline{\qquad} \text{ g}$

4 Gramm oder Kilogramm?

a)

70 ____

b)
70 ____

c)

$\frac{1}{2}$ ____

d)

$\frac{1}{2}$ ____

5 Ergänze auf 1 Kilogramm.

$800 \text{ g} + \underline{\qquad} \text{ g} = 1 \text{ kg}$

a)	b)	c)	d)
800 g	300 g	920 g	350 g
230 g	150 g	80 g	509 g
610 g	415 g	71 g	87 g
328 g	901 g	716 g	4 g

Gramm und Kilogramm

1 Gramm oder Kilogramm? Schreibe: g oder kg

a)   1 ____

b)   1 ____

c)   10 ____

d)   20 ____

e)   25 ____

f)   100 ____

2 Ordne die Gewichte zu. Schreibe wie Zahlix.

30 g   85 g   250 g   450 g   500 g   1000 g

3 Ordne den Tieren die Gewichte zu: 15 g   250 g   1000 g   5 kg   400 kg

4

 Wie schwer ist das?

a)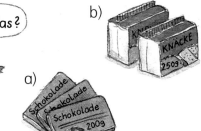

b)

c)

d)

e)

5 Mutter geht einkaufen.

a) Wie viel Gewicht kommt in jedem Geschäft hinzu?

b) Was wiegt der Korb nach dem Einkauf? Der leere Korb wiegt 540 g.

c) Kannst du den Einkaufskorb tragen?

Supermarkt   Gemüseladen   Bäcker   Metzger

6 Richtig oder falsch?

a) Mutter kauft 500 g Birnen.

b) Mutter bezahlt für ihren Einkauf 100 €.

c) Das Brot wiegt mehr als der Zucker.

d) Mutter kauft 4000 g Mehl.

e) Mutter kennt den Metzger schon sehr lange.

f) Mutters Einkaufskorb ist so schwer wie deine Schultasche.

☞ Weitere Übungen Seite 135

1

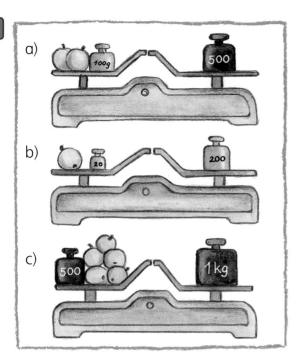

a)

b)

c)

2

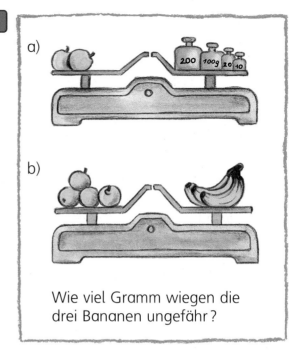

a)

b)

Wie viel Gramm wiegen die
drei Bananen ungefähr?

3 Wiege aus. Benutze möglichst wenig
Gewichtssteine.

Notiere im Heft: 350 g = 200 g + 100 g + 50 g

435 g	555 g	723 g
444 g	642 g	777 g
481 g	666 g	888 g
538 g	674 g	999 g

4 Wie viele Stücke von einer Sorte wiegen genau 1 kg?
Schreibe so: Butter: 4 Stück

5 Zahlix hat vier Steine gefunden. Sie wiegen 1 g, 3 g, 9 g
und 27 g. Damit kann Zahlix das Gewicht von
Gegenständen bis 40 g auf der Balkenwaage bestimmen.
Kannst du das auch?
Zeichne Beispiele, dann fülle die Tabelle aus.

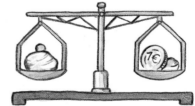

Gegenstand rechts	1 g	2 g	3 g	4 g	5 g	6 g	7 g	8 g	9 g	40 g
Steine rechts	—	1 g					3 g			
Steine links	1 g	3 g					9 g + 1 g			

1 Wie viele Äpfel sind es? $4 \cdot 2\,0 = $ ___ Jn den Kisten sind ___ Äpfel.

4 Kisten   2 Kisten   6 Kisten   5 Kisten   3 Kisten   8 Kisten   10 Kisten

2 Wie viele Kisten sind es? $6\,0 : 2\,0 = $ ___ $6\,0$ Kiwi sind in ___ Kisten.

60 Kiwi   40 Kiwi   100 Kiwi   20 Kiwi   80 Kiwi   140 Kiwi   200 Kiwi

3 Wie viele Eier sind es?

4 Paletten   6 Paletten   3 Paletten   7 Paletten   9 Paletten   5 Paletten   8 Paletten

4 Wie viele Paletten sind es?

90 Eier   150 Eier   270 Eier   210 Eier   240 Eier   180 Eier   60 Eier

$1 \cdot 20 = 20$
$2 \cdot 20 = $ ___
$3 \cdot 20 = $ ___

_____

$1 \cdot 30 = 30$
$2 \cdot 30 = 60$
$3 \cdot 30 = 90$
$4 \cdot 30 = $

1

Das ist Maxi, eine Freundin von Zahlix und Zahline.
Maxi kann weit springen. Jetzt macht sie 20er-Sprünge.
Zahline schreibt auf, wo Maxi landet.
Das sind die Maxi-Zahlen.

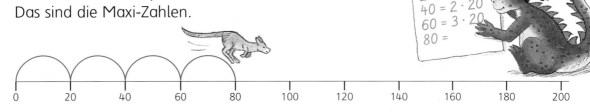

Maxi-Zahlen der 20er-Reihe
$20 = 1 \cdot 20$
$40 = 2 \cdot 20$
$60 = 3 \cdot 20$
$80 =$

2 Wie viele Sprünge macht Maxi?

a) $100 = \underline{} \cdot 20$ b) $60 = \underline{} \cdot 20$ c) $40 = \underline{} \cdot 20$ d) $80 = \underline{} \cdot 20$

$200 = \underline{} \cdot 20$ $160 = \underline{} \cdot 20$ $180 = \underline{} \cdot 20$ $120 = \underline{} \cdot 20$

$20 = \underline{} \cdot 20$ $120 = \underline{} \cdot 20$ $140 = \underline{} \cdot 20$ $220 = \underline{} \cdot 20$

3 Welche Zahlen sind Maxi-Zahlen der 20er-Reihe?

Schreibe so: $\boxed{6\ 0\ =\ 3\ \cdot\ 2\ 0}$

60   180   70   80   120   110   160   40   100   200   140

4 Maxi macht 30er-Sprünge.

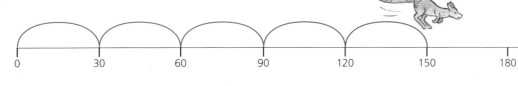

Maxi-Zahlen der 30er-Reihe
$30 = 1 \cdot 30$
$60 =$

5 Wie viele Sprünge macht Maxi?

a) $120 = \underline{} \cdot 30$ b) $30 = \underline{} \cdot 30$ c) $300 = \underline{} \cdot 30$ d) $150 = \underline{} \cdot 30$

$210 = \underline{} \cdot 30$ $150 = \underline{} \cdot 30$ $90 = \underline{} \cdot 30$ $270 = \underline{} \cdot 30$

$60 = \underline{} \cdot 30$ $240 = \underline{} \cdot 30$ $180 = \underline{} \cdot 30$ $210 = \underline{} \cdot 30$

6 Welche Zahlen sind Maxi-Zahlen der 30er-Reihe? Schreibe die Mal-Aufgabe dazu.

90   250   180   110   60   150   210   190   270   120

7
a) $4 \cdot 20$ b) $5 \cdot 30$ c) $30 \cdot 7$ d) $20 \cdot 7$
   $6 \cdot 30$ $6 \cdot 20$ $20 \cdot 5$ $30 \cdot 5$
   $9 \cdot 20$ $3 \cdot 30$ $20 \cdot 3$ $30 \cdot 4$

Jch kann auch die Tauschaufgaben!

8
a) $30 \cdot 6$ b) $4 \cdot 30$ c) $30 \cdot 8$ d) $7 \cdot 20$
   $20 \cdot 8$ $7 \cdot 30$ $30 \cdot 9$ $30 \cdot 6$
   $30 \cdot 8$ $8 \cdot 20$ $20 \cdot 6$ $3 \cdot 20$

9
a) $10 \cdot 30 - 3$ b) $5 \cdot 30 + 6$ c) $6 + 9 \cdot 30$ d) $4 + 11 \cdot 20$
   $4 \cdot 30 - 8$ $5 \cdot 20 + 8$ $10 \cdot 30 - 3$ $20 \cdot 7 + 7$
   $0 + 0 \cdot 20$ $6 \cdot 20 - 3$ $20 \cdot 3 - 0$ $2 + 20 \cdot 8$
   $2 + 8 \cdot 20$ $10 \cdot 20 - 8$ $10 \cdot 20 - 5$ $10 \cdot 20 - 4$
               $4 \cdot 30 + 8$ $11 \cdot 20 + 5$ $20 \cdot 10 - 5$
               $6 \cdot 30 - 5$ $2 \cdot 30 + 4$
               $2 \cdot 30 - 4$

50

1 In 50er-Sprüngen vorwärts.
Wie heißen die Maxi-Zahlen?

2 a) 2 · 50   b) 3 · 50   c) 6 · 50
   4 · 50   5 · 50   9 · 50
   8 · 50   7 · 50   0 · 50

3 a) 50 · 6   b) 50 · 0   c) 50 · 3
   50 · 8   50 · 7   50 · 4
   50 · 5   50 · 1   50 · 9

4 Wie oft springt Maxi?
   a) 200 = ___ · 50   b) 250 : 50
      300 = ___ · 50   350 : 50
      150 = ___ · 50   400 : 50

5 Addiere die Ergebnisse der
beiden Päckchen. Du erhältst 1000.
   a) 2 · 50 + 90   b) 3 · 50 – 10
      5 · 50 + 30   8 · 50 – 10

40

1 In 40er-Sprüngen vorwärts.
Welche Zahlen sind Maxi-Zahlen?
Schreibe die Mal-Aufgabe dazu.
160 200 250 280 320 340 360

2 a) 6 · 40   b) 5 · 40   c) 9 · 40
   3 · 40   7 · 40   4 · 40
   8 · 40   2 · 40   10 · 40

3 a) 40 · 4   b) 40 · 3   c) 40 · 0
   40 · 8   40 · 6   40 · 9

4 a) 120 = ___ · 40   b) 160 : 40
      240 = ___ · 40   280 : 40
      400 = ___ · 40   320 : 40

5 Addiere die Ergebnisse der
beiden Päckchen. Du erhältst 1000.
   a) 5 · 40 + 60   b) 7 · 40 – 100
      9 · 40 + 20   6 · 40 – 60

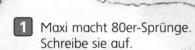

80

1 Maxi macht 80er-Sprünge.
Schreibe sie auf.

2 Welche Zahlen sind Maxi-Zahlen?
Schreibe die Mal-Aufgabe dazu.
160 200 240 280 320 400 480

3 a) 80 · 4   b) 80 · 2   c) 80 · 5
   80 · 8   80 · 7   80 · 10
   80 · 9   80 · 6   80 · 0

4 Was fällt dir auf?
   a) 2 · 80   b) 3 · 80   c) 5 · 80
      4 · 40   6 · 40   10 · 40

5 Addiere die Ergebnisse der
beiden Päckchen. Du erhältst 1000.
   a) 2 · 80 + 30   b) 8 · 80 – 500
      7 · 80 + 50   2 · 80 – 100

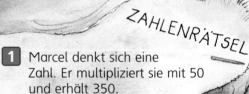

ZAHLENRÄTSEL

1 Marcel denkt sich eine
Zahl. Er multipliziert sie mit 50
und erhält 350.

2 Janine denkt sich eine Zahl.
Sie multipliziert sie mit 80 und
erhält 320.

3 Tom denkt sich eine Zahl.
Er dividiert sie durch 30 und erhält 8.

4 Lara denkt sich eine Zahl.
Sie multipliziert sie mit 50 und
addiert danach 200.
Als Ergebnis erhält sie 500.

5 Svenja denkt sich eine Zahl.
Sie multipliziert sie mit 40, danach
addiert sie 140.
Als Ergebnis erhält sie 300.

70

1 Schreibe die Maxi-Zahlen der 70er-Reihe in eine Tabelle.

·	70
1	70
2	

2
a) 70 · 3   b) 70 · 4   c) 70 · 2
70 · 6   70 · 8   70 · 10
70 · 9   70 · 5   70 · 0

3
a) 350 = ___ · 70   b) 420 : 70
700 = ___ · 70   280 : 70
630 = ___ · 70   560 : 70

4 Addiere die Ergebnisse der beiden Päckchen. Du erhältst 1000.
a) 4 · 70 + 50   b) 2 · 70 − 90
3 · 70 + 30   6 · 70 − 40

5
a) 70 · 2   b) 70 · 3   c) 70 · 5
20 · 7   30 · 7   50 · 7

d) Kannst du noch ein Päckchen schreiben?

6 2 · 71   4 · 71   8 · 71   10 · 71

60

1 Schreibe die Maxi-Zahlen der 60er-Reihe in eine Tabelle.

·	60
1	60
2	

2 Vergleiche mit der 30er-Reihe. Welche Zahlen gehören zu den beiden Reihen? Schreibe zu diesen Zahlen beide Mal-Aufgaben auf.

3
a) 3 · 60   b) 60 · 5   c) 60 · 8
6 · 60   60 · 4   60 · 9
9 · 60   60 · 6   60 · 7

4

Stunden	1	3		7		10	
Minuten			300		540		660

5
a) 240 = ___ · 60   b) 480 : 60
360 = ___ · 60   540 : 60
180 = ___ · 60   300 : 60

6 2 · 61   5 · 61   7 · 61   10 · 61

90

1 Maxi macht 90er-Sprünge. Wie heißen die Maxi-Zahlen?

·	90
1	90
2	

2
a) 2 · 90   b) 4 · 90   c) 90 · 10
7 · 90   8 · 90   90 · 0

3
a) 540 = ___ · 90   b) 270 : 90
720 = ___ · 90   450 : 90
360 = ___ · 90   630 : 90

4
a) 2 · 90   b) 3 · 90   c) 5 · 90
9 · 20   9 · 30   9 · 50

d) Kannst du noch ein Päckchen schreiben?

5 Addiere die Ergebnisse der beiden Päckchen. Du erhältst 1000.
a) 2 · 90 + 20   b) 8 · 90 − 500
5 · 90 + 30   3 · 90 − 170

6 3 · 91   5 · 91   7 · 91   9 · 91

Malifant

1

·	30	80
5		
2		

2

·	50	60
3		
6		

3

·	6	2
	420	
40		

Malifanten-Regel: Erst die Mitte: Mal-Aufgaben, dann der Rand: Plus-Aufgaben. Fußzahl testen
☞ Weitere Übungen Seite 135

Bis 12 · 12

1

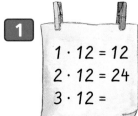

$1 · 12 = 12$
$2 · 12 = 24$
$3 · 12 =$

2 Welche Zahlen gehören zur Zwölfer-Reihe?
Schreibe die Mal-Aufgaben dazu.
24   48   56   72   88   108   112

3 Wie viele Flaschen sind es?
8 Kästen   12 Kästen   20 Kästen

4 Wie viele Kästen sind es?
24 Flaschen   48 Flaschen   120 Flaschen

5
a) $4 · 12$	b) $2 · 12$	c) $9 · 12$	d) $24 : 12$	e) $72 : 12$	f) $120 : 12$
$3 · 12$	$5 · 12$	$8 · 12$	$48 : 12$	$84 : 12$	$108 : 12$
$6 · 12$	$7 · 12$	$10 · 12$	$60 : 12$	$12 : 12$	$96 : 12$

6

$4 · 11 = 44$

$1 · 11 = 11$
$2 · 11 = 22$
$3 · 11 =$

Bis 1

7
a) $3 · 11$	b) $2 · 11$	c) $8 · 11$	d) $66 : 11$	e) $77 : 11$	f) $110 : 11$
$5 · 11$	$4 · 11$	$11 · 11$	$33 : 11$	$22 : 11$	$44 : 11$
$7 · 11$	$6 · 11$	$9 · 11$	$55 : 11$	$99 : 11$	$88 : 11$

8 Zahline hat Siebenmeilenstiefel. Sie kann weit springen.
Sie macht 25er-Sprünge.

$6 · 25 =$ ____

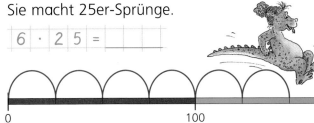

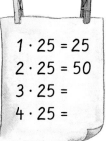

$1 · 25 = 25$
$2 · 25 = 50$
$3 · 25 =$
$4 · 25 =$

0   100   200

9 Auf welchen Zahlen landet Zahline? Schreibe die Mal-Aufgaben dazu.
2 Sprünge   5 Sprünge   3 Sprünge   6 Sprünge   4 Sprünge   10 Sprünge.

10
a) $2 · 25$	b) $3 · 25$	c) $4 · 25$	d) $5 · 25$	e) $1 · 25$	f) $10 · 25$
$6 · 25$	$7 · 25$	$8 · 25$	$9 · 25$	$11 · 25$	$12 · 25$

11
a) $50 : 25$	b) $25 : 25$	c) $50 : 25$	d) $125 : 25$	e) $175 : 25$	f) $100 : 25$
$75 : 25$	$250 : 25$	$150 : 25$	$225 : 25$	$75 : 25$	$200 : 25$

Halbschriftliches Multiplizieren

1 Jch habe 4 Hunde gebaut.

$4 \cdot 17 =$

$4 \cdot 10 =$
$4 \cdot 7 =$

 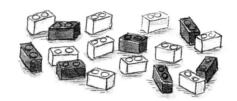

2 Wie viele Einzelteile brauchen die Kinder?

 Jch habe 5 Enten gebaut. Jch baue 3 Enten.

3 a) Britta baut sechs Schafe.
b) Thorsten baut vier Schafe.

4
a) 5 · 13	b) 2 · 17	c) 5 · 17	d) 3 · 14	e) 10 · 15	f) 10 · 12
6 · 13	3 · 17	7 · 17	6 · 14	4 · 15	9 · 12
7 · 13	4 · 17	9 · 17	9 · 14	5 · 15	8 · 12

21   34   42   51   60   65   68   75   78   84   85   91   96   108   119   120   126   150   153

5 Zahlix baut riesige Tiere.

 4 Riesen-Hunde

$4 \cdot 26 =$

$4 \cdot 20 =$
$4 \cdot 6 =$

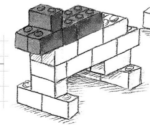 

6
a) 4 · 26	b) 5 · 23	c) 9 · 24	d) 5 · 22	e) 3 · 28	f) 4 · 27
6 · 26	6 · 23	5 · 24	7 · 22	5 · 28	7 · 27
8 · 26	7 · 23	3 · 24	9 · 22	6 · 28	9 · 27

72   84   104   108   110   115   120   138   140   154   156   161   168   180   189   198   208   216   243

7 Bei den Ergebnissen ist die Quersumme immer 9 oder 18.

a) (3 | 6 | 9 | · | 51 | 54 | 57)

b) (3 | 6 | 9 | · | 42 | 45 | 48)

☞ Weitere Übungen Seite 135

Halbschriftliches Multiplizieren

1

Zwei Zahlen auf den Blättern, sechs Mal-Aufgaben auf den Blüten.

Heute im Angebot: **Einmaleinsblumen**

5 ·	3 =	1 5	3 ·	5 =
5 · 30 =	1 5 0			
5 · 33 =	1 6 5			

2 a)

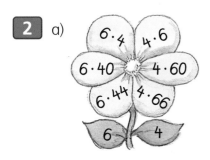

b)    7   5

c) 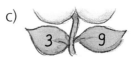   3   9

d)    7   8

e) 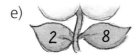   2   8

f) 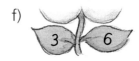   3   6

g) 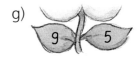   9   5

3
a) 47 · 7
    28 · 4

b) 35 · 6
    83 · 7

c) 26 · 5
    37 · 8

d) 71 · 9
    34 · 7

e) 17 · 6
    43 · 8

f) 77 · 4
    91 · 5

102   112   130   210   238   296   308   329   344   455   555   581   639

4
a) 3 · 205
    5 · 107

b) 4 · 208
    6 · 109

c) 2 · 408
    7 · 106

d) 8 · 104
    6 · 108

e) 4 · 207
    3 · 304

f) 2 · 307
    9 · 109

5
a) 10 · 47
    10 · 52

b) 10 · 68
    10 · 27

c) 36 · 10
    54 · 10

d) 92 · 10
    85 · 10

e) 10 · 38
    10 · 79

f) 98 · 10
    45 · 10

6 a)

•	40	5
3		
7		

b)

•	30	7
8		
2		

c)

•	70	6
6		
4		

7
a) Vergleiche die Fußzahl der Malifanten in Aufgabe 6 mit den Startzahlen. Was fällt dir auf?

b) Kannst du selbst einen Malifanten mit der Fußzahl 360 bilden?

8 a)

•	50	
	250	
3	24	

b)

•		5
		30
5	200	

c)

•		4
	240	
7		
	660	

☞ Weitere Übungen Seite 135

Multiplizieren mit Geld

$$6 \cdot 40 \, ct = 240 \, ct$$

1 Aus Cent wird Euro. $6 \cdot 40 \, ct = 240 \, ct = 2,40 \, €$

a)

b)

2 Wie teuer sind die Waren?
a) 6 Maiskolben   b) 5 Kiwis   c) 4 Birnen   d) 6 Salate

3 Alle sechs Ergebnisse ergeben zusammen 20 €.

a) | 3 | 7 | 10 | · | 60 ct | 40 ct |

b) | 5 | 6 | 9 | · | 70 ct | 30 ct |

4 a)

| 6 · 8 5 ct = | | € |

 $6 \cdot 5 \, ct = 30 \, ct$

| 6 · 8 0 ct = | 4,8 0 € |
| 6 ·   5 ct = | 0,3 0 € |

b)

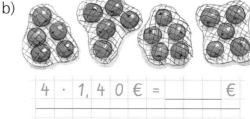

4 · 1,4 0 € =		€
4 · 1,0 0 € =	4,0 0 €
4 · 4 0 ct =	1,6 0 €

5 a)    b)    c)    d)

6 Achte auch auf Wecker-Aufgaben. Alle sechs Ergebnisse zusammen ergeben 29 €.

a) | 4 | 7 | 9 | · | 1,06 € | 39 ct |

b) | 5 | 7 | 8 | · | 46 ct | 0,99 € |

7 Wie viel kosten die Waren auf den Einkaufszetteln?

Kartei

Schreibe selbst Einkaufszettel.

a)
4 Birnen
5 Kiwi
2 Bund Möhren

b)
2 Gurken
2 Schalen
Erdbeeren

c)
2 Blumenkohl
4 Maiskolben
3 Gurken

d)

1 Herr Meis kauft einen Strauß Blumen mit sieben roten Rosen.

2 Wie teuer sind die Blumen?

a)  Gerbera

b)  Lilien

c)  Iris

d)  Nelken

3 Frau Leufen besorgt für ihre Freundin fünf Iris und neun Fresien.

Jris		€
Fresien		€
Summe		€

4 Herr Weiß besucht seine Frau im Krankenhaus.
Er holt sieben Gerbera und fünf Fresien.

5 Wie viel kosten die Sträuße, wenn die Blumen einzeln gekauft werden?

a)

b)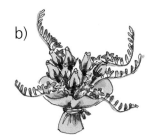

c)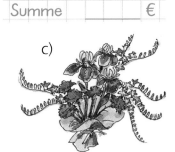

6 Frau Pausch kauft für den Garten drei Geranien.
Frau Kron kauft sechs Geranien.

> doppelte Menge – doppelter Preis

7 Herr Crombach kauft fünf Fuchsien, sein Nachbar kauft zehn Fuchsien.

8 Frau Korsten kauft acht Begonien für den Garten, Frau Schäfer sogar 16 Begonien.

9 Herr Stolz holt zwei Hortensien. Frau Moll holt sechs Hortensien.

> dreifache Menge – dreifacher Preis

10 Petras Mutter kauft drei Geranien, Lisas Mutter sogar neun.

1 Die vier Geschwister Jule, Lara, Sören und Philipp wollen ihrer Großmutter zum Geburtstag 20 Gerbera schenken. Eine Gerbera kostet 75 ct. Sie errechnen den Preis mit einer Tabelle.

Jule

Gerbera	1	2	4	20
Preis	75 ct			

Lara

Gerbera	1	10	20
Preis	75 ct		

Sören

Gerbera	1	2	4	8	16	20
Preis	75 ct					

Philipp

Gerbera	1	2	20
Preis	75 ct		

2 Wie teuer sind 20 Fresien? Zeichne eine Rechentabelle. Wie rechnest du?

Fresien	1
Preis	45 ct

3 a) Mutter kauft für eine Freundin 12 Nelken.
b) Herr Koch schenkt seiner Frau 12 rote Rosen.

4 Wie teuer sind die Blumen? Zeichne eine Rechentabelle.
a) 12 Fuchsien   b) 12 Veilchen   c) 15 Röschen   d) 11 Lilien

5 Zeichne eine Rechentabelle und ergänze die fehlenden Preise und Zahlen.

a)

Röschen	1	5		
Preis	60 ct		6,00 €	9,00 €

b)

Röschen	1	2	4	6
Preis	60 ct	1,20 €		7,20 €

c)

Nelken	1	2		
Preis	65 ct		6,50 €	7,80 €

d)

Fresien	1	2	4		
Preis	45 ct			4,50 €	6,30 €

6 Wie viele Blumen sind in den Sträußen? Eine Rechentabelle kann dir helfen.

a)  Ein Strauß Fresien für 3,60 Euro.

b)  Ein Strauß Nelken für 5,20 Euro.

c)  Ein Strauß Gerbera für 5,25 Euro.

d)  Tausendschön für 2,10 Euro.

7 a) Frau Knaup kauft Begonien für ihren Garten. Sie bezahlt 7,20 € dafür.
b) Herr Witte kauft Fuchsien für 9 €.

8 Frau Heubaum kauft Hortensien für ihren Garten. Sie will nicht mehr als 20 € dafür ausgeben. Wie viele Hortensien kann sie kaufen?

9 Lisa will ihrer Großmutter Blumen schenken. Sie hat 5 €.

Dividieren durch Zehner und Einer

1

Das sind Maxi und Mini. Sie sind schon lange befreundet und jeden Tag gemeinsam viel unterwegs.
Sie können beide sehr gut springen. Natürlich springt Maxi viel weiter als Mini, sie ist ja viel größer.
Für jeden Sprung von Maxi macht Mini immer 10 Sprünge.

Heute macht Maxi 30er-Sprünge, Mini macht 3er-Sprünge.
Bei welchen Zahlen treffen sie sich?

2 a) Maxi macht 60er-Sprünge.
Sie springt zur 120.
Wie viele Sprünge macht sie?
120 : 60 = ___

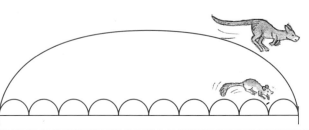

b) Mini macht 6er-Sprünge.
Sie springt auch zur 120.
Wie viele Sprünge macht sie?
120 : 6 = ___

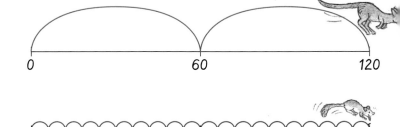

3 Wie viele 60er-Sprünge macht Maxi, wie viele 6er-Sprünge Mini?
Schreibe immer zwei Aufgaben.

a) zur 180   b) zur 300   c) zur 420   d) zur 240   e) zur 60

4 Maxi und Mini strengen sich an.
Maxi schafft 80er-Sprünge,
Mini 8er-Sprünge.
Wie viele Sprünge machen sie?
Schreibe immer zwei Aufgaben.

a) zur 240   b) zur 320
c) zur 560   d) zur 480

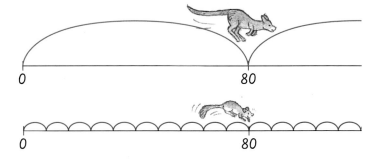

5 Maxi macht 70er-Sprünge, Mini 7er-Sprünge. Sie treffen sich bei den Maxi-Zahlen.
Welche Zahlen sind Maxi-Zahlen? Schreibe dazu immer zwei Aufgaben.

100   140   350   400   490   210   560   600

6 Mini macht 9er-Sprünge, Maxi 90er-Sprünge. Bei welchen Zahlen treffen sie sich?

7 Mini springt bis zu den Maxi-Zahlen. Wie viele Sprünge muss sie machen?

a) 350 : 5   b) 270 : 9   c) 540 : 6   d) 480 : 8   e) 490 : 7
280 : 4   320 : 4   180 : 6   500 : 5   630 : 7
160 : 8   450 : 5   240 : 6   360 : 9   720 : 9

☞ Weitere Übungen Seite 136

Halbschriftliches Dividieren

1 Mini macht 4er-Sprünge. Sie springt bis 252.
Wie viele Sprünge macht sie?

> 10, 20, 30, 40, 50, 60 Sprünge,
> dann noch 3 Sprünge.

Kai

0   40   80   120   160   200   240 252

Bastian

2 5 2	:	4	=		
2 0 0	:	4	=		
4 0	:	4	=		
1 2	:	4	=		

Anja

2 5 2	:	4	=
2 4 0	:	4	=
1 2	:	4	=

Sarah

> Erst zur Maxi-Zahl, dann weiter.

> dann noch 3 Sprünge

erst 60 Sprünge

0   240   252

2
a) 132 : 4
   272 : 4
   312 : 4

b) 252 : 3
   114 : 3
   201 : 3

c) 153 : 9
   378 : 9
   648 : 9

d) 185 : 5
   275 : 5
   485 : 5

> Erst zur Maxi-Zahl, dann weiter.

17   33   37   38   42   55   67   68   72   78   84   97   98

3
a) 190 : 5
   496 : 8
   504 : 7

b) 279 : 9
   366 : 6
   189 : 3

c) 455 : 7
   568 : 8
   783 : 9

d) 208 : 4
   196 : 2
   594 : 6

31   38   52   61   62   63   65   71   72   73   87   98   99

4

> Erst 100er-Sprünge, dann weiter.

a) 315 : 3
   321 : 3
   330 : 3

b) 408 : 4
   424 : 4
   432 : 4

c) 545 : 5
   624 : 6
   735 : 7

d) 945 : 9
   832 : 8
   749 : 7

102   104   104   105   105   105   106   106   107   107   108   109   110

5
a) 243 : 3
   237 : 3

b) 186 : 6
   174 : 6

c) 164 : 4
   156 : 4

d) 355 : 5
   345 : 5

e) 497 : 7
   483 : 7

f) 505 : 5
   495 : 5

g) 568 : 8
   552 : 8

h) 396 : 4
   404 : 4

i) 459 : 9
   441 : 9

j) 234 : 6
   232 : 8

6
a) Acht Freunde machen einen Ausflug zum Mühlen-Museum. Fahrt und Eintritt kosten zusammen 104 €. Wie viel muss jeder zahlen?

b) Sie kaufen frisch gebackene Brote und zahlen dafür 18,40 €. Sie teilen die Kosten unter sich auf.

c) Am Mittag holt Markus für alle belegte Brötchen. Er bezahlt 9,20 €.

☞ Weitere Übungen Seite 136

Dividieren mit Geld

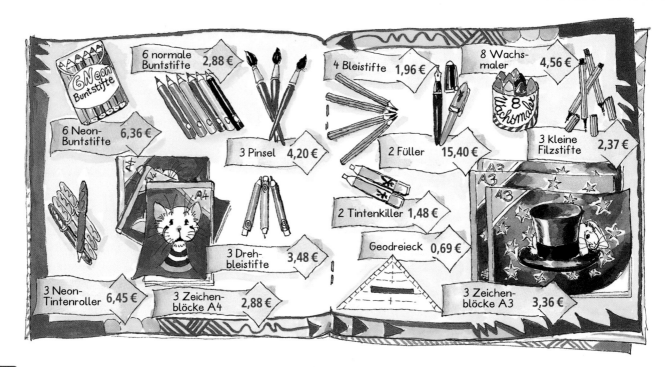

6 normale Buntstifte 2,88 €
6 Neon-Buntstifte 6,36 €
3 Pinsel 4,20 €
4 Bleistifte 1,96 €
8 Wachsmaler 4,56 €
2 Füller 15,40 €
3 kleine Filzstifte 2,37 €
2 Tintenkiller 1,48 €
Geodreieck 0,69 €
3 Dreh-bleistifte 3,48 €
3 Neon-Tintenroller 6,45 €
3 Zeichen-blöcke A4 2,88 €
3 Zeichen-blöcke A3 3,36 €

1 a) Max kauft sechs Neon-Buntstifte. Jana kauft ihm einen Stift ab.

Für 6 ct schreibe ich 0,06 €.

6	,	3	6	€	:	6	=					€
6	,	0	0	€	:	6	=	1	,	0	0	€
		3	6	ct	:	6	=	0	,	0	6	€

b) Lisa kauft drei Filzstifte. Peter kauft ihr einen ab.

210 ct : 3

2	,	3	7	€	:	3	=			€
2	3	7	ct	:	3	=				
2	1	0	ct	:	3	=	7	0	ct	
	2	7	ct	:	3	=		9	ct	

2 Wie rechnest du?

a) 6,18 € : 6
5,25 € : 5
3,27 € : 3

b) 3,18 € : 3
6,18 € : 3
4,20 € : 4

c) 3,20 € : 4
5,55 € : 5
8,56 € : 8

d) 5,52 € : 6
4,44 € : 4
2,44 € : 4

e) 4,20 € : 5
6,54 € : 6
5,10 € : 2

3 Wie teuer sind die Sachen einzeln?

a)    b)    c)    d)

4 a)   b)    c)    d)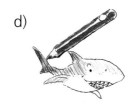

5 a)

Pinsel	1	3	9
Preis		4,20 €	

b)

Füller	1	2	4
Preis			

c)

Geodreieck	1	3	5
Preis			

6 Alle sechs Ergebnisse zusammen ergeben 36 €.

a) 19,20 € 28,80 € : 3 4 6

b) 4,50 € 40,50 € : 2 5 10

☞ Weitere Übungen Seite 136

Sachrechnen

1 Familie Meisters kauft fünf verschiedene Farben für Fensterbilder.
Sie zahlt dafür 15,50 €.
Wie teuer ist eine Farbe?

2 a) Herr Braun zahlt in einem anderen Geschäft für vier Farben der gleichen Sorte 12,20 €. Wie teuer ist in diesem Geschäft eine Farbe?
b) Wer kauft günstiger ein?

3 Zum Geburtstag werden Fensterbilder gemalt. Frau Moss kauft drei Rollen Folie für 7,50 €.

4 Frau Geiser arbeitet im Kindergarten. Sie holt fünf Rollen Folie und zahlt 9,50 €.

5 Herr Gast zahlt für drei Farben 12,60 € und für zwei Rollen Folie 4,70 €.

6

Glasperlen **1,30 €**   Holzperlen **2,99 €**   Mini-Perlen **0,85 €**

Die Freundinnen aus Klasse 3b wollen schöne Bilder aus Perlen kleben. Sie kaufen ein.

Britta	Simone	Diana	Anja
4 Beutel Glasperlen	3 Beutel Mini-Perlen	2 Beutel Holzperlen	3 Beutel Glasperlen

7 Frau Hansen will helfen. Sie kauft vier Beutel Mini-Perlen, drei Beutel Glasperlen und zwei Beutel Holzperlen.

Mini-Perlen		€
Glasperlen		€
Holzperlen		€
Summe		€

8 Frau Thelen ist Lehrerin. Sie kauft zum Basteln acht Beutel Mini-Perlen, sechs Beutel Glasperlen und fünf Beutel Holzperlen.

9 Sonderangebot: „10 Beutel zum Preis von 9 Beuteln". Wie viel kosten
a) 10 Beutel Glasperlen,   b) 10 Beutel Mini-Perlen,   c) 10 Beutel Holzperlen?

10 Herr Krings ist Lehrer. Er kauft für das Schulfest 30 Beutel Glasperlen.

11 Die Jungen spielen draußen mit Murmeln. Leon hat für zwei Beutel Murmeln 3,80 € bezahlt. Bastian hat vier Beutel gekauft.

12 Berechne die Preise mit Hilfe der Tabelle.

Beutel Murmeln	1	2	4	5	6	8	10	20
Preis		3,80 €						

13 Im Kaufhaus sind die Murmeln billiger. Philipp kauft fünf Beutel für 7,00 €.
Drei Beutel sind für seinen Freund Simon. Wie viel Geld muss Simon dafür zahlen?

1 a)
$$651 + 184 \qquad 275 + 390 \qquad 461 + 258 \qquad 384 + 307$$

b)
$$524 + 357 \qquad 645 + 208 \qquad 168 + 415 \qquad 237 + 582$$

538   583   665   691   719
   819   835   853   881

2 Im Kopf oder schriftlich?
Achte auch auf Wecker-Aufgaben.

a) 500 + 360   b) 498 + 370
   524 + 369   299 + 400
   248 + 576   470 + 280
   699 + 180   299 + 301

600   699   740   750   824
   860   868   879   893

3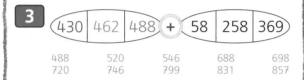
(430 | 462 | 488 | **+** | 58 | 258 | 369)

488   520   546   688   698
720   746   799   831   857

4 a)
$$\begin{array}{r} 2\,8\,\blacksquare \\ +\ 3\,\blacksquare\,5 \\ +\ 1\,7\,6 \\ \hline \blacksquare\,9\,2 \end{array}$$
b)
$$\begin{array}{r} \blacksquare\,0\,9 \\ +\ 2\,\blacksquare\,7 \\ +\ 4\,0\,\blacksquare \\ \hline 9\,9\,4 \end{array}$$
c)
$$\begin{array}{r} \blacksquare\,\blacksquare\,\blacksquare \\ +\ 1\,8\,9 \\ +\ 3\,4\,6 \\ \hline 7\,9\,2 \end{array}$$

1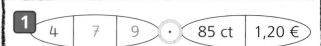
(4 | 7 | 9 | · | 85 ct | 1,20 €)

Alle Ergebnisse zusammen ergeben 41 €.

2
(2,70 € | 5,10 € | : | 2 | 3 | 5)

Alle Ergebnisse zusammen ergeben 8,06 €.

3 Zeichne die Rechentabelle und ergänze
die fehlenden Preise und Zahlen.

a)
Stück	1	2	4		16
Preis		70 ct		5,25 €	

b)
Stück	1	5		10	
Preis		1,40 €	1,68 €		5,60 €

Sabine und Felix besuchen das Legoland.

1 a) Sabine nimmt vier Filme mit, auf jedem Film sind 24 Bilder.
   b) Wie viel zahlt Sabine für ihre vier Filme?

2 a) Felix nimmt drei Filme mit, auf jedem Film sind 36 Bilder.
   b) Wie viel zahlt Felix für seine drei Filme?

3 a) Sabine und Felix haben zusammen 114 Fotos gemacht. Aber 18 Fotos sind nicht gut
     gelungen.
   b) Die gelungenen Fotos kleben sie in ein Album, immer sechs Fotos auf eine Seite.

4 a)
Abfahrt:	8.00 Uhr
Fahrtdauer:	2 Stunden
Pause:	30 Minuten
Ankunft:	

b)
Landstraße:	26 km
Autobahn:	116 km
in der Stadt:	6 km
gefahren:	

c)
Kaffee	5,60 €
Kuchen	3,80 €
Limo	3,20 €
Eis	4,60 €
Summe	_____ €

16   84   96   96   108   12,60 €   13,60 €   14,70 €   17,20 €   10.30 Uhr   11.30 Uhr   128 km   148 km

1 a) Welche Zahlen sind Maxi-Zahlen der 70er-Reihe?
Schreibe die Durch-Aufgabe dazu.

110   140   200   280   350   490   550   630

b) Auch Mini springt zu den Maxi-Zahlen.
Wie viele Sprünge macht sie?
Schreibe als Durch-Aufgabe.

0   70

Kannst du auch so ein Päckchen machen?

2 Addiere die vier Ergebnisse. Was fällt dir auf?

a) 100 : 20	b) 140 : 20	c) 220 : 20	d)
100 : 2	140 : 2	220 : 2	
100 : 4	140 : 4	220 : 4	
100 : 5	140 : 5	220 : 5	

3
a) 240 : 8	b) 490 : 7	c) 480 : 6	d) 180 : 9	e) 495 : 5
288 : 8	511 : 7	504 : 6	261 : 9	555 : 5
304 : 8	553 : 7	534 : 6	369 : 9	800 : 5

4

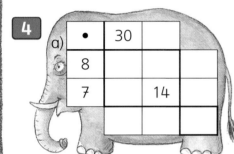

a)
•	30	
8		
7		14

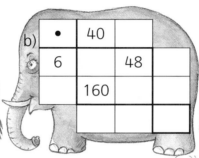

b)
•	40	
6		48
	160	

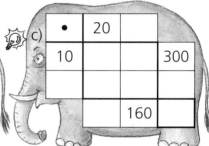

c)
•	20	
10		300
		160

---

1 a)

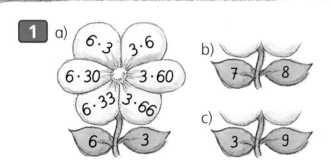

6·3   3·6
6·30   3·60
6·33   3·66
6   3

b) 7   8

c) 3   9

2
a) 6 · 13	b) 18 · 6	c) 15 · 7
4 · 17	19 · 5	13 · 5
7 · 18	12 · 8	15 · 5

65   68   75   78   95   96   104   105   108   126

3 Die Summe der drei Ergebnisse ist 1000.

a) 5 · 45	b) 28 · 5	c) 67 · 4
5 · 73	79 · 5	87 · 4
5 · 82	93 · 5	96 · 4

Wie heißt die Zahl?

a) Sie gehört zur 80er-Reihe und liegt zwischen 600 und 700.

b) Sie gehört zur 70er-Reihe und liegt zwischen 800 und 900.

c) Sie ist um 234 größer als 567.

d) Sie ist um 111 kleiner als 1000.

e) Sie ist doppelt so groß wie 345.

f) Sie ist halb so groß wie 456.

g) Wenn du noch das Doppelte der Zahl addierst, erhältst du 150.

h) Wenn du noch die Hälfte der Zahl addierst, erhältst du 300.

50   200   228   530   640   690   801   840   889

Pokal: Gesetzmäßigkeiten entdecken und anwenden

Flächen

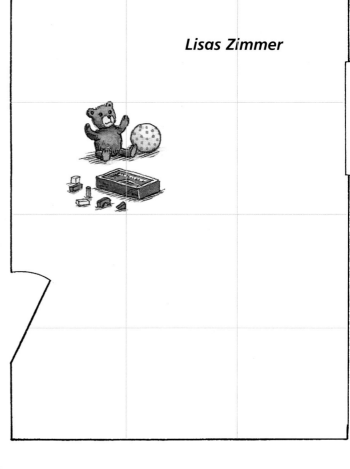

Lisas Zimmer

1 Die alte Wohnung war zu klein. Nun bekommen Lisa und Manuel ein eigenes Zimmer. Sie schauen sich den Plan an.

2 Haben beide gleich viel Platz? Lege die Pläne mit deinen kleinen Quadraten aus. Wie viele Quadrate brauchst du bei jedem Plan?

3 Legt mit kleinen Quadraten noch andere Zimmer. So viele Quadrate sollen hineinpassen:
   a) 16 Quadrate
   b) 15 Quadrate

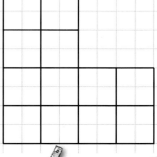

4 a) Zahline hat Manuels Zimmer gezeichnet. Zeichne ebenso.

   b) Zeichne Lisas Zimmer. Beachte die Kästchen.

Manuels Zimmer

Quadratzentimeter

1 Das alte Wohnzimmer und das neue Wohnzimmer: Welches ist größer?

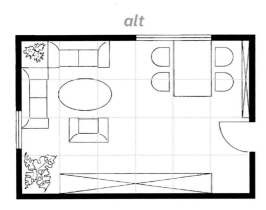

alt

neu

2 a) Zeichne den Plan des Zimmers.
Färbe immer kleine Quadrate, die 1 cm breit sind.
Wie viele Quadratzentimeter sind es?

b) Zeichne auch diesen Plan: 3 cm lang, 6 cm breit.
Wie viele Quadratzentimeter passen hinein?

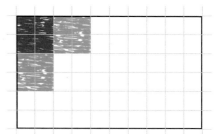

3 Zeichne die Zimmerpläne. Teile sie in Quadratzentimeter auf.
Welches Zimmer ist am kleinsten? Welches am größten?

a) 6 cm lang, 4 cm breit   b) 5 cm lang, 5 cm breit
c) 8 cm lang, 3 cm breit   d) 6 cm lang, 5 cm breit

Das kann ich auch ausrechnen.

4 Miss, dann zeichne die Pläne in dein Heft.
Wie viele Quadratzentimeter passen hinein?

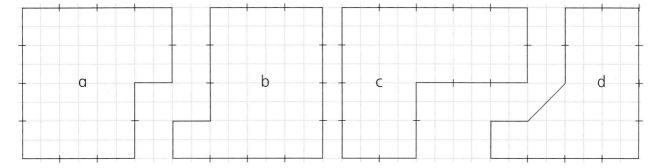

5 Zeichne drei verschiedene Pläne.
a) Immer mit 18 Quadratzentimeter   b) Immer mit 20 Quadratzentimeter

6 a)

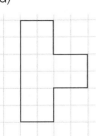

1 cm nach unten.

Diktiere deinem Partner, wie er zeichnen soll. Zählt die Quadratzentimeter.

b)
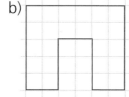
c)
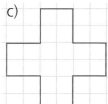

Tangram

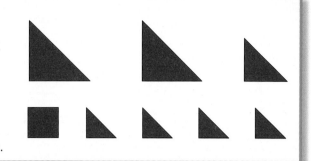

96

1 Lege immer vier Quadrate zu einem Vierling zusammen. Nachbar-Quadrate liegen mit einer Seite aneinander, nicht nur mit einer Spitze.

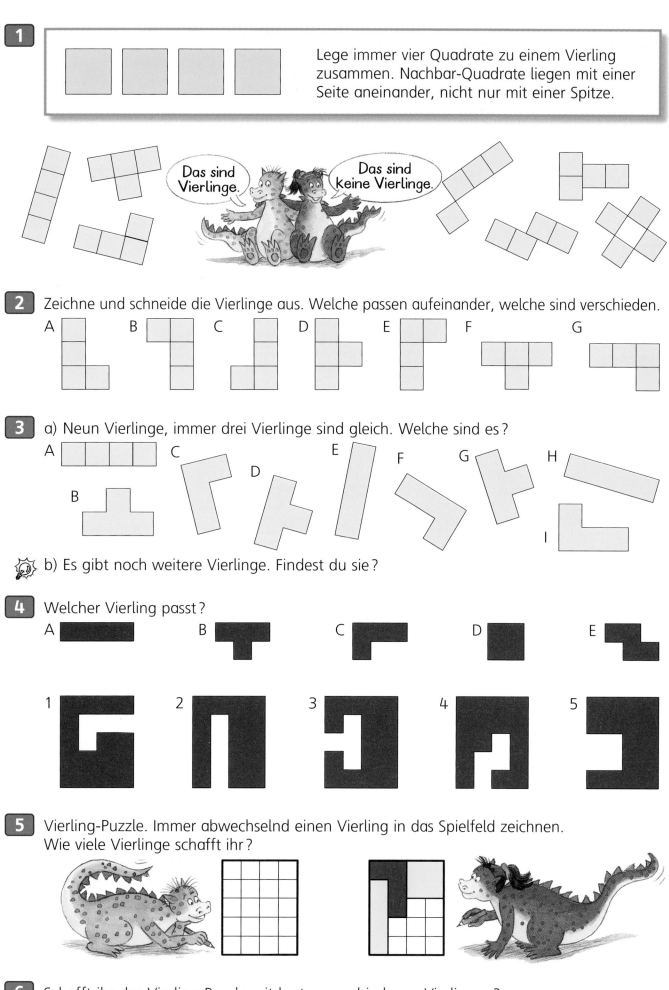

Das sind Vierlinge.

Das sind keine Vierlinge.

2 Zeichne und schneide die Vierlinge aus. Welche passen aufeinander, welche sind verschieden.

A   B   C   D   E   F   G

3 a) Neun Vierlinge, immer drei Vierlinge sind gleich. Welche sind es?

A   B   C   D   E   F   G   H   I

b) Es gibt noch weitere Vierlinge. Findest du sie?

4 Welcher Vierling passt?

A   B   C   D   E

1   2   3   4   5

5 Vierling-Puzzle. Immer abwechselnd einen Vierling in das Spielfeld zeichnen. Wie viele Vierlinge schafft ihr?

6 Schafft ihr das Vierling-Puzzle mit lauter verschiedenen Vierlingen?

Sachrechnen

1 In welchem Monat ist Laura geboren? An welchem Tag?

2 Wie alt wurde Laura an ihrem Geburtstag?

3 Wie viele Tage wohnte Laura am Geburtstag schon in der Wohnung?

4 Björn ist im Sommer geboren. In welchem Monat?

5 Björn sagt: „Ich bin zwei Jahre älter als du." Laura sagt: „Nein, weniger."

6 An welchem Datum ist Laura umgezogen?

7 Wie lang ist Lauras Bett? Und wie breit?

8 Wie lang ist Björns Zimmer? Und wie breit?

9 Wie viele Stofftiere hat Laura jetzt?

10 Wie viele Stofftiere hat Bea weniger als Laura?

11 In welcher Straße wohnt Laura?

Lauras Umzug

Laura weiß es noch ganz genau, denn es ist ja noch nicht so lange her.
Es war genau eine Woche nach Neujahr und zwei Wochen vor ihrem Geburtstag. (An den Wochentag erinnert sie sich nicht mehr.)

Sie war noch acht Jahre alt und Björn, ihr Bruder, zehn, als sie in ihre neue Wohnung zogen. Den Namen der Straße fand sie sehr schön und die Hausnummer auch: Blumenstraße 248. Björn fand das auch, denn in der Hausnummer ist sein Geburtstag versteckt.

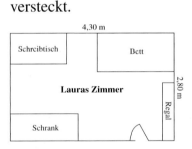

Laura und Björn freuten sich auf ihre neuen Kinderzimmer. Sie hatten sie schon vorher ausgemessen. Lauras Zimmer war 75 cm schmaler, aber 50 cm länger als Björns. Laura überlegte, wo sie ihr Bett hinstellen sollte. Vor allem brauchte sie einen guten Platz für ihr Regal, auf das sie ihre Stofftiere stellen wollte. Laura sammelt nämlich Stofftiere, sie hatte damals schon 38 Stück. Heute hat sie noch fünf mehr. Ihre Freundin Bea hat erst 22.

Aus ihrem Fenster konnte Laura auf die Straße und den Garten gegenüber sehen.
Als sie ankamen, ging sie zum Fenster, schaute hinaus und …

12 Bea wohnt zwei Straßen weiter. In welcher Straße wohnt sie?

13 Die Hausnummer von Beas Wohnung ist um 120 kleiner.

14 Was sah Laura, als sie aus dem Fenster schaute? Schreibe die Geschichte zu Ende.

Eine Aufgabe ist eine „Kapitänsaufgabe" (= diese Aufgabe kann mit den gegebenen Informationen nicht gelöst werden)

1

670 − 3   895 − 4
670 − 30   895 − 40
670 − 300   895 − 400

370 495 640 667 805 855 891

Wie tief kannst du tauchen?

2

860 − 130   680 − 370
540 − 220   730 − 130
960 − 460   690 − 460

230 310 320 500 600 650 730

Minus-Aufgaben – leichte und schwere.

3

670 − 380
510 − 360
820 − 490
940 − 570
730 − 140
400 − 270

130 150 290 330
370   460   590

4

673 − 120   361 − 90   823 − 19
481 − 260   473 − 80   654 − 25
888 − 440   924 − 60   983 − 78

221 271 393 448 553 629 804 864 905 916

6

Schreibe in Geheimschrift und rechne.

834 − 413   596 − 312
781 − 320   667 − 345

284   322   421   461   515

5

287 − 3   275 − 272
287 − 281   275 − 2

236 − 4   248 − 247
236 − 231   248 − 5

1 3 5 6 10 232 243 273 284

841
− 496

7

831 − 216   646 − 191
973 − 429   729 − 373

356   455   544   615   653

Einführung in das schriftliche Subtrahieren
○ durch Ergänzen und Erweitern
   Seite 100
oder
○ durch Abziehen und Entbündeln
   Seite 128
Danach gemeinsam weiter auf Seite 102.

1 Wie groß ist der Unterschied?

Dennis: Ich ergänze erst 6 Einer, dann 3 Zehner.

259 – 223 =

223 + _____ = 259

Verena: 3 + 6 = 9
2 + ...

H	Z	E
2	5	9
– 2	2	3

2 Lege mit Rechengeld. Löse durch Ergänzen.

a)

100	10	1
4	3	6
2	1	5

b)

100	10	1
7	4	9
5	2	7

c)

100	10	1
6	1	7
3	1	4

3

a)
H	Z	E
5	3	8
– 2	1	5

203

b)
H	Z	E
7	4	8
– 4	1	5

323

c)
H	Z	E
9	3	4
– 5	2	4

333

d)
H	Z	E
8	6	4
– 6	6	1

410

e)
H	Z	E
9	7	8
– 2	1	5

516   763

4

a)
H	Z	E
6	7	8
– 2	3	4

240

b)
H	Z	E
5	9	6
– 3	2	4

272

c)
H	Z	E
8	3	7
– 2	1	5

444

d)
H	Z	E
4	9	7
– 2	5	7

464

e)
H	Z	E
7	8	3
– 2	7	1

512   622

1

2 Rechne wie Zahline.

a)

100	10	1
5	4	8
− 2	8	3

b)

100	10	1
4	1	5
−	7	4

c)

100	10	1
2	5	4
− 1	2	8

d)

100	10	1
3	7	5
− 1	3	7

3 Tanja rechnet in der Stellentafel. Verstehst du die Schreibweise?
Zuerst die Einer, dann die Zehner, dann die Hunderter.

a)

H	Z	E
8	7	5
− 4	2	7

b)

H	Z	E
6	8	3
− 3	5	6

c)

H	Z	E
7	4	2
− 4	1	7

d)

H	Z	E
9	1	7
− 6	3	5

e)

H	Z	E
8	5	9
− 2	8	4

282   325   327   448   491   575

4

a)	583	b)	948	c)	854	d)	869	e)	783	f)	621
	− 248		− 416		− 373		− 278		− 271		− 415

206   276   335   481   512   532   591

5 Schreibe richtig untereinander, dann rechne: a) 817 − 246   b) 673 − 291   c) 704 − 658

☞ Weitere Übungen Seite 136

101

1

738 − 506	856 − 326
985 − 360	647 − 202
974 − 572	437 − 117

232 320 402 445 — 473 530 625

2

839 − 364	706 − 393	453 − 82
746 − 96	643 − 591	875 − 794
609 − 197	839 − 399	653 − 478

52 81 114 175 — 313 371 412 — 440 475 650

3

683 − 237	841 − 319
340 − 128	866 − 259
450 − 136	754 − 448

212 306 314 446 522 546 607

4

736 − 298	64 − 39
704 − 186	58 − 38
723 − 219	55 − 14
473 − 179	60 − 30

199 244 294 299 438 504 518 532

5

```
  7 ☐ 5        9 8 ☐
− 2 3 ☐      − 3 6 4
  ☐ 6 3        ☐ ☐ 3

  ☐ 1 7        6 ☐ ☐
− 3 ☐ 3      − ☐ 8 2
  1 7 ☐        2 4 7
```

6

```
  7 ☐ 3        7 2 ☐
− 2 5 ☐      − 5 ☐ ☐
  5 4 ☐        3 4 6

  6 2 1        6 ☐ ☐
− ☐ ☐ 4      − ☐ 8 6
  3 6 ☐        2 4 7

  ☐ 5 ☐        5 4 1
− 1 ☐ 9      − 2 ☐ 3
  2 4 1        ☐ 4
```

Minus-Stationen

7

635 − 298	735 − 309	335 − 98	805 − 208	781 − 396	464 − 108	973 − 194

237 289 335 337 356 385 426 597

Bei der schriftlichen Subtraktion wird der Übertrag je nach eingeführtem Verfahren notiert.

8

a) Jana hat 221 € gespart. Sie kauft sich eine Blockflöte für 65 €.

b) Später kauft sich Jana noch einen Notenständer für 13 €.

9

a) Tom hat 240 € gespart. Er kauft sich eine Gitarre für 65 €.

b) Sein Freund Erik hat 350 €. Er kauft ein Keyboard für 297 €.

10

Karina hat 170 € gespart. Sie kauft sich eine Klarinette für 119 € und 2 Musik-CDs für je 19 €.

11

a) Katja möchte sich eine Geige für 476 € und ein Stimmgerät für 28 € kaufen. Sie hat 500 € gespart. Hat sie genug Geld?

b) Dirk möchte sich ein Keyboard für 438 € und eine Bank dazu für 48 € kaufen. Er hat schon 500 € Euro gespart.

12

a) Subtrahiere von 362 die Zahl 247. Von dem Ergebnis ziehe noch die Zahl 82 ab. Das Ergebnis ist eine besondere Zahl.

b) Subtrahiere von 389 die Zahl 157. Von dem Ergebnis ziehe noch 133 ab. Das Ergebnis ist eine besondere Zahl.

13

a) Subtrahiere von der Zahl 763 die Zahlen 521 und 178. Ziehe von dem Ergebnis die Zahl 64 ab. Bleibt etwas übrig?

b) Subtrahiere von der Zahl 989 das Doppelte von 256. Zehner- und Einerziffer des Ergebnisses sind gleich.

14

356 – 142	768 – 472	253 – 137	836 – 467	474 – 388	532 – 458
456 – 141	769 – 372	353 – 136	835 – 567	574 – 387	533 – 358
556 – 140	770 – 272	453 – 135	834 – 667	674 – 386	534 – 258

Im Kopf oder schriftlich?

1 Welche Aufgaben rechnest du im Kopf? Welche schriftlich?

2 Im Kopf oder schriftlich? Wie geht es schneller? Entscheide bei jeder Aufgabe neu.
Alle Ergebnisse haben die Quersumme 15.

Achte auch auf Wecker-Aufgaben.

a)	b)	c)
1000 – 40	630 – 102	1000 – 130
940 – 70	930 – 150	1000 – 742
690 – 27	700 – 145	755 – 101
753 – 36	783 – 300	502 – 307
142 – 64	698 – 350	874 – 499

3 Wie rechnest du?

a)	b)	c)	d)	e)
363 – 199	388 – 290	347 – 109	528 – 208	799 – 450
475 – 299	478 – 290	569 – 409	674 – 508	699 – 210
831 – 399	648 – 460	783 – 309	781 – 408	299 – 170

4 Zahlix rechnet zur Probe die Umkehraufgabe.
Wie rechnet Zahlix? Wie rechnest du?

```
  706
– 279
─────
  427

  427
+ 279
  1 1
─────
  706
```

a) 706	b) 867	c) 478	d) 904
– 279	– 343	– 155	– 489

e) 833	f) 745	g) 536	h) 684
– 618	– 328	– 283	– 313

i) 1000	j) 714	k) 804	l) 971
– 367	– 528	– 257	– 553

5 Bei jedem Ergebnis ist die Quersumme 12.

a) (600 | 780 | 825 ◯– 120 | 309 | 444)

b) (827 | 980 | 998 ◯– 590 | 689 | 734)

Gummibaum

7,95 €

Korallenmoos

2,45 €

Erika

1,75 €

Bubiköpfchen

3,45 €

Standort
Dem Bubiköpf-
chen ist es egal,
wo es steht, ob
hell oder schattig.

Pflege
Bubiköpfchen
brauchen viel
Wasser, darum
jeden 2. Tag
gießen.

Topfrose

5,80 €

Standort
Hell, aber nicht
in der prallen
Sonne.

Pflege
Erde darf nicht
austrocknen.
Während der
Überwinterung
nur wenig
gießen.

1 Christoph kauft ein Bubiköpfchen für sein Zimmer.
a) An welchen Platz soll er es am besten stellen?
b) Wie oft muss er sein Bubiköpfchen gießen?

2 Nadja möchte gerne zwei Topfrosen für den Wintergarten kaufen.
a) An welche Stelle im Wintergarten sollte sie die Rosen am besten stellen?
b) Worauf muss Nadja beim Gießen im Sommer, worauf im Winter achten?

3 Doro will ihrer Freundin einen Gummibaum schenken. Sie bezahlt mit 10 €.
Wie viel Geld bekommt sie zurück?

	1	0	,	0	0	€
−		7	,	9	5	€

... noch 5 Cent
bis 8 Euro und dann
noch 2 Euro.

4 Wie viel Geld bekommen die Kinder zurück?

a) Ein Bubi-
köpfchen.

b) Eine
Topfrose.

c) Eine
Erika.

d) Ein Gummi-
baum und ein
Korallenmoos.

5 Die drei Ergebnisse in einem Päckchen ergeben zusammen 10 €.
a) 9,85 € − 5,75 €
9,99 € − 4,86 €
5,51 € − 4,74 €

b) 13,84 € − 9,89 €
10,00 € − 8,75 €
11,95 € − 7,15 €

c) 20 € − 16,85 €
15 € − 11,78 €
18 € − 14,37 €

d) 20 € − 13,69 €
12 € − 9,15 €
25 € − 24,16 €

6 Alle vier Ergebnisse zusammen ergeben 20 €.
a) (10 € | 8,53 € − 0,95 € | 7,58 €)
b) (8 € | 9,47 € − 0,79 € | 6,68 €)
c) (9 € | 7,52 € − 0,69 € | 5,83 €)

7 Thomas und Patrick haben zusammen 20 € gespart. Sie möchten ihrer Mutter zwei rote und zwei gelbe Topfrosen schenken.

8 Karen und ihre Mutter wollen fünf Pflanzen für den Balkonkasten kaufen, drei von einer und zwei von einer anderen Sorte. Die beiden entscheiden sich für Erika und Korallenmoos. Welche Pflanzmöglichkeit ist billiger? Was kostet sie genau?

☞ Weitere Übungen Seite 136

1

2 Spielt in Kleingruppen. Ein Kind wählt die Aufgabe und rechnet wie Nina. Die anderen Kinder schreiben einen Überschlag auf. Vergleicht die Überschläge.

a) 386 – 149   b) 547 – 189   c) 684 – 112   d) 607 – 445   e) 721 – 387

f) 417 – 288   g) 943 – 561   h) 728 – 378   i) 864 – 674   j) 842 – 662

3 Überschlage erst. Dann rechne genau.

a) 607 – 394   b) 487 – 378   c) 949 – 294
   589 – 104   594 – 269   652 – 103
   912 – 785   982 – 586   756 – 249
   814 – 589   678 – 487   841 – 657
   305 – 198   879 – 668   937 – 462

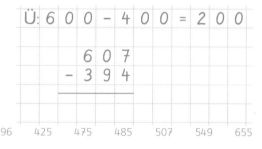

107   109   127   184   191   211   213   225   325   396   425   475   485   507   549   655

4 Die Kinder haben Überschläge notiert. Wer ist näher dran? Rechne genau.

a) 567 – 221

Dirk	Nicole	Rudi
500 – 200 = ___	550 – 200 = ___	600 – 200 = ___

b) 871 – 438

Dirk	Nicole	Rudi
800 – 400 = ___	850 – 450 = ___	900 – 400 = ___

5 Stimmt das?

a) Mario hat 292 Sticker in seinem Album. Vor zwei Monaten waren es nur 117. „Das waren fast 200 Sticker weniger", meint er.

b) Verena hat 413 Sticker in ihrem Album. Vor einem Jahr waren es nur 257. „Ich habe in zwei Jahren ungefähr 150 Sticker gesammelt", sagt sie stolz.

c) Lisas Mutter ist gestern von Aachen nach Erfurt gefahren, insgesamt 441 km. Nach 252 km hat sie in Paderborn Pause gemacht. „Jetzt noch ungefähr 210 km", meint sie.

d) Familie Koch fährt in Urlaub nach Italien. Bei der Ankunft liest Vater ab: „Das waren 932 km von zu Hause. Gestern abend waren es 417 km." Laura meint: „Dann sind wir heute ungefähr 500 km gefahren".

② Entweder Karten mit rückseitig aufgedrucktem Lösung oder Einsatz des Taschenrechners

1

2 Dasselbe Schlüsselbrett, zwei andere Schatztruhen.
Welche Schlüssel passen? Wie heißen die Schatzzahlen?

3 Rechne nur die acht Aufgaben, deren Ergebnisse zwischen 500 und 700 liegen.

a) 958 – 421	b) 861 – 152	c) 668 – 154	d) 954 – 183	e) 763 – 281
832 – 158	978 – 499	754 – 235	876 – 384	944 – 448
764 – 214	942 – 243	871 – 342	754 – 286	871 – 273

514   519   529   537   539   550   598   674   699

4 Lea hat vier Aufgaben falsch gerechnet. Überschlage und rechne richtig.

a) 829 – 227 = 602   b) 326 – 219 = 545   c) 788 – 63 = 158   d) 911 – 708 = 203

e) 814 – 299 = 525   f) 842 – 284 = 558   g) 932 – 741 = 191   h) 646 – 438 = 108

5 Zahline hat eine Kiste mit Zahlenrätseln entdeckt.

a) Meine Zahl hat drei gleiche Ziffern. Wenn du sie von 1000 subtrahierst, erhältst du eine Zahl zwischen 300 und 400.

b) Meine Zahl besteht aus den Ziffern 2, 5 und 7. Wenn du sie von 666 subtrahierst, erhältst du eine Zahl unter 100.

c) Meine Zahl besteht aus den Ziffern 1, 4 und 6. Wenn du sie von 750 abziehst, erhältst du eine Zahl zwischen 200 und 400.

d) Meine Zahl besteht aus den Ziffern 3, 7, 9. Wenn du 555 davon subtrahierst, erhältst du eine Zahl zwischen 300 und 400.

1 Frau Münzig will von Kassel über Frankfurt nach Koblenz fahren.

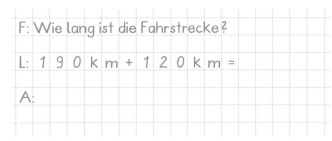

F: Wie lang ist die Fahrstrecke?

L: 1 9 0 k m + 1 2 0 k m =

A:

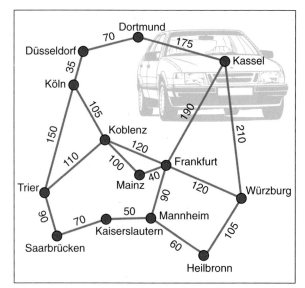

2 Frau Trapp aus Mannheim macht eine Geschäftsreise. Zuerst hat sie in Frankfurt zu tun, danach in Kassel. Von dort fährt sie wieder nach Hause.

3 Wie weit ist es?
a) Koblenz – Köln – Düsseldorf   b) Dortmund – Kassel – Frankfurt
c) Frankfurt – Mainz – Koblenz – Köln
d) Kassel – Frankfurt – Mannheim – Kaiserslautern
e) Heilbronn – Würzburg – Frankfurt – Koblenz

Eine Skizze kann dir helfen!

4 Herr Liebich ist auf dem Weg von Köln über Mainz nach Würzburg. Nach einer Pause sieht er auf dem Kilometerzähler, dass er schon 219 km gefahren ist.

Insgesamt ____ km	
1. Teilstrecke 219 km	2. Teilstrecke ____ km

5 Frau Daniels fährt von Dortmund nach Mannheim zu einer Ausstellung. Am Mittag ist sie noch 282 km von ihrem Ziel entfernt. Zeichne eine Skizze.

6 Herr Preiser fährt von Heilbronn über Frankfurt nach Dortmund. Dabei macht er eine Pause nach 220 km und eine weitere Pause nach 95 km. Den Rest fährt er ohne Pause. Zeichne eine Skizze.

7 Herr Koch fährt mit seinem neuen Auto von Frankfurt nach Köln und zurück. Bei der Abfahrt zeigt sein Kilometerzähler 000 280.
a) Was zeigt sein Kilometerzähler in Köln?
b) Was zeigt sein Kilometerzähler bei der Rückkehr?
c) Am nächsten Tag fährt Herr Koch nach Kassel und wieder zurück. Steht sein Kilometerzähler dann schon über 001 000?

8 Frau Fröhlich fährt täglich mit dem Auto zur Arbeit. Sie wohnt 30 km von der Firma entfernt. Für die einfache Strecke ist sie 20 Minuten unterwegs.
a) Wie viele Kilometer fährt sie in einer Woche?
Löse in einer Rechentabelle.
b) Wie viele Stunden fährt sie in einer Woche mit dem Auto?
Löse in einer Rechentabelle.

Tage	1		
km			

Minus-Zug

754
− 457

297

972
− 279

693

963
− 369
-----

1 Rechne immer mit den Ziffern des Ergebnisses weiter: Größte Zahl minus Spiegelzahl. Rechne so lange, bis sich die Rechnung in dem Wagen wiederholt. Wie viele verschiedene Wagen kannst du anhängen?

2 Starte mit diesen Ziffernkärtchen. Wie viele verschiedene Wagen kannst du anhängen?

a)    b)    c)    d)

3 Wähle selbst drei Ziffernkärtchen. Wie viele verschiedene Wagen kannst du anhängen?

 4 Zahline untersucht die Minus-Züge. Sie macht drei Entdeckungen:

> Bei den Ergebnissen steht in der Mitte immer
> Die beiden anderen Ziffern zusammen ergeben immer
> Von Wagen zu Wagen

 5 Die Minus-Züge sind verschieden lang. Es kommt auf die Start-Kärtchen an.
a) Findest du einen Minus-Zug mit nur einem Wagen?
b) Findest du einen Minus-Zug mit fünf verschiedenen Wagen?

6 Addiere die ersten beiden Ergebnisse. Vergleiche mit dem dritten.

Findest du selbst so ein Päckchen?

a) 1000 − 343
   343 − 199
1000 − 199

b) 925 − 409
   409 − 277
925 − 277

c) 640 − 152
   152 − 67
640 − 67

d) 704 − 407
   407 − 128
704 − 128

 7 Wie heißt die Zahl?

a) Zu meiner Zahl addiere ich 234 und dann noch 567 und erhalte 1000.

b) Jch addiere meine Zahl zu 666 und erhalte das Doppelte von 345.

c) Jch subtrahiere meine Zahl von 666 und erhalte das Doppelte von 123.

d) Von meiner Zahl subtrahiere ich 333. Dann addiere ich 444 und erhalte 999.

 8 Erfindet selbst Zahlenrätsel. Tauscht sie mit eurem Partner und löst sie.

1 a)
$$534 - 212 \qquad 748 - 325 \qquad 968 - 405 \qquad 775 - 103$$

b)
$$853 - 326 \qquad 560 - 234 \qquad 620 - 87 \qquad 635 - 228$$

322   326   407   423   443
527   533   563   672

2 Schreibe untereinander und rechne.

634 − 258   965 − 587   745 − 287
746 − 348   847 − 269   513 − 359
843 − 506   325 − 97   614 − 258
916 − 679   499 − 281   524 − 86

154   218   228   237   337   356   357
376   378   398   438   458   578

3

| 1000 | 870 | 699 | − | 300 | 450 | 501 |

198   210   249   369   399
420   499   550   570   700

4
$$\begin{array}{r} 8\,\blacksquare \\ -\,5\,\blacksquare\,7 \\ \hline 2\,4\,6 \end{array} \qquad \begin{array}{r} 6\,\blacksquare\,3 \\ -\,2\,5\,\blacksquare \\ \hline \blacksquare\,4\,8 \end{array} \qquad \begin{array}{r} \blacksquare\,2\,6 \\ -\,2\,1\,\blacksquare \\ \hline 3\,\blacksquare\,7 \end{array}$$

1 Im Kopf oder schriftlich?
Achte auch auf Wecker-Aufgaben.

a) 800 − 630   b) 1000 − 350
   800 − 507   1000 − 428
   800 − 587   953 − 300
   743 − 500   917 − 403
   743 − 605   760 − 76

138   170   213   243   293   514
   550   572   650   653   684

2 Drei Ergebnisse sind falsch.
Überschlage und rechne richtig.

a) 314 + 386 = 700   b) 812 − 519 = 393
c) 257 + 689 = 846   d) 892 − 283 = 609
e) 716 − 367 = 349   f) 526 + 297 = 903

1 Ergänze die Rechentabellen.

a)

Brötchen	1	2	4	5	10	15
Preis	28 ct					

b)

Körner-Brötchen	1	3	6	9	10	12
Preis			2,46 €			

2 a)

Begonien	1	2	5	6	10	
Preis				8,00 €	9,60 €	

b)

Usambara-Veilchen	1	2	4	5	8	
Preis			12,00 €		24,00 €	

3 Auf der Kirmes werden Lose verkauft.

Tobias möchte 7 Lose kaufen.
„Nimm lieber 8 Lose, das ist billiger," sagt sein Freund.
Hat er Recht? Schreibe die Begründung auf.

1 Los	2 €
3 Lose	5 €
8 Lose	10 €

1

Blockflöte	**39 €**
Klarinette	**185 €**
Saxofon	**599 €**
Querflöte	**258 €**
Geige	**249 €**
Keyboard	**159 €**
Notenständer	**39 €**
Notenbücher	**je 9,80 €**
diverse Musik-CDs	**je 19,90 €**

a) Janina bekommt zum Geburtstag 295 €. Sie kauft sich eine neue Querflöte.

b) Jan hat 655 € gespart. Er möchte sich ein Saxofon und eine CD kaufen.

c) Nele wünscht sich eine Geige, einen Notenständer und ein Notenbuch. Sie hat bisher 250 € gespart.

d) Markus kauft vier CDs. Er bezahlt mit einem 100-Euro-Schein.

e) Dörte hat 128 € in ihrem Sparschwein. Sie spart für ein Keyboard und ein tolles Notenbuch.

f) Stimmt das?
„Die Querflöte ist mehr als sechsmal so teuer wie eine Blockflöte."

g) Findest du selbst solche Vergleiche?

2
a) 5 € − 2,49 €
  7 € − 3,46 €

b) 5 € − 0,96 €
  9 € − 4,96 €

c) 2 € − 0,89 €
  6 € − 2,08 €

d) 8 € − 1,10 €
  8 € − 0,90 €

1,11 €   2,51 €   3,54 €   3,92 €   4,04 €   4,04 €   4,96 €   6,90 €   7,10 €

3
a) 10 € − 4,99 €
  15 € − 2,49 €

b) 15 € − 9,89 €
  20 € − 14,96 €

c) 20 € − 18,99 €
  50 € − 29,90 €

d) 30 € − 14,99 €
  50 € − 19,99 €

1,01 €   1,11 €   5,01 €   5,04 €   5,11 €   12,51 €   15,01 €   20,10 €   30,01 €

Immer zwei Figuren ergeben zusammen ein Quadrat.
Schreibe die passenden Buchstaben auf.

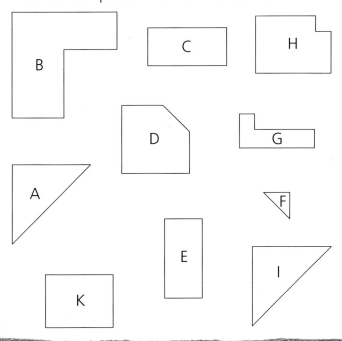

Sieh dir diese Aufgaben gut an.

$$6 + 7 + 8 = 3 \cdot 7$$
$$9 + 10 + 11 = 3 \cdot 10$$
$$3 + 4 + 5 = 3 \cdot 4$$
$$8 + 9 + 10 = \_\_\_\_$$

a) Vervollständige die letzte Aufgabe.

b) Erfinde selbst noch drei Aufgaben dieser Art.

c) Schreibe auf, warum das so geht.

Pokal: Gesetzmäßigkeiten entdecken und anwenden

Zeit

1

21, 22, 23, 24, ...

2 So kannst du Zeitspannen messen. Was kannst du von der Uhr noch ablesen?

3 Wie schnell waren die Kinder beim Schuhebinden? Schreibe in dein Heft.

Heike   Peter   Katja   Stefan

Heike		Sekunden
		Sekunden
		Sekunden
		Sekunden

4 Wann sind zehn Sekunden vergangen? Wann 20 s, wann 30 s?
Wann ist eine Minute vergangen?

5 Wie lange brauchst du dafür? Schätze, bevor du misst.
a) bis 100 zählen,
b) das ABC aufsagen,
c) die 6er-Reihe aufsagen.

1 Minute = 60 Sekunden
1 min = 60 s

6 Setze ein: <, >, =
a) 10 s ● 1 min   b) 60 s ● 1 min
    70 s ● 1 min   1 min ● 59 s
    100 s ● 1 min   1 min ● 61 s

Minuten und Sekunden

1 Kennst du diese Uhren? Erzähle.

a)  b)  c)  d)

2 a) Welche Uhrzeit zeigen die Uhren in Aufgabe 1 an?
  b) Wie viele Sekunden fehlen noch bis zur vollen Minute?

3 Wie viele Sekunden sind es?

a)  b) 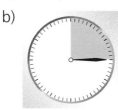 c) 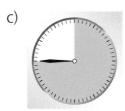 d)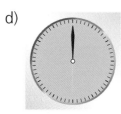

$\frac{1}{2}$ min $\frac{1}{4}$ min $\frac{3}{4}$ min 1 min

4 Wie viele Sekunden sind es?

a) 1 min	b) 3 min	c) 5 min	d) 1 min 30 s	e) 3 min 20 s
2 min	9 min	10 min	4 min 45 s	2 min 47 s
4 min	8 min	7 min	2 min 7 s	5 min 12 s

5 Wie viele Sekunden fehlen noch bis zur vollen Minute?

a) 50 s	b) 45 s	c) 32 s	d) 14 s	e) 28 s	f) 17 s
29 s	54 s	30 s	58 s	49 s	9 s

6 Wie viele Minuten sind es?

a) 360 s	b) 420 s	c) 75 s	d) 105 s	e) 330 s
60 s	180 s	90 s	600 s	120 s
240 s	540 s	150 s	450 s	270 s

7 Wie viele Minuten sind es?

a) 1 h 15 min	b) 7 h	c) 3 h 4 min	d) 4 h 15 min	e) 5 h 25 min
2 h 30 min	4 h	2 h 3 min	6 h 5 min	10 h 10 min

8 Wie viele Stunden und Minuten sind es? Schreibe so: 80 min = 1 h 20 min

a) 121 min	b) 184 min	c) 430 min	d) 609 min	e) 570 min
140 min	240 min	190 min	360 min	490 min

9 Ergänze.

a) 150 min + ____ min = 3 h   b) 125 s + ____ s = 3 min   c) 315 min + ____ min = 6 h
  225 min + ____ min = 4 h   155 s + ____ s = 3 min   274 min + ____ min = 5 h

1
a) In welchem Programm läuft der Film „Fünf Freunde"?

b) Was wird vorher, was nachher gezeigt?

c) Um wie viel Uhr beginnt der Film?

d) Wann endet der Film?

e) Der Film „Die drei Bären" dauert 1 Stunde und 30 Minuten. Das Quiz beginnt aber erst 2 Stunden später. Wie kommt das?

Super RTL	Kika
14.00 Winnie Puh	14.10 Tom & Jerry
14.30 Disney Club	14.55 Die Maus
14.55 Die Rasselbande	15.35 Tolle Sachen
15.25 Mein Hund Strolch	15.55 Fünf Freunde
16.55 Käpt'n Balu	17.20 Tabaluga
17.20 Die drei Bären	18.05 Oliver Twist
19.20 Quiz mit Pit	19.30 Logo

2 Wie lange dauert der Film „Fünf Freunde"?

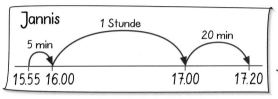

Jannis
5 min · 1 Stunde · 20 min
15.55 16.00   17.00   17.20

$$15.55 \xrightarrow{+1h} 16.55 \xrightarrow{+5\,min} 17.00 \xrightarrow{+20\,min} 17.20$$
Max

Dauer: ____ h ____ min

3 Wie lange dauert es?

1 Stunde = 60 Minuten
1 h = 60 min

a) von 1 6 . 1 5 Uhr bis 1 7 . 5 0 Uhr

Dauer: ____ h ____ min

b) von 15.40 Uhr bis 16.55 Uhr   c) von 17.05 Uhr bis 18.30 Uhr

d) von 18.10 Uhr bis 19.45 Uhr   e) von 15.10 Uhr bis 17.20 Uhr

f) von 13.40 Uhr bis 16.35 Uhr   g) von 16.55 Uhr bis 20.05 Uhr

4 Die Kinder dürfen eine Stunde am Tag fernsehen. Sie suchen sich etwas aus. Dürfen sie die Sendungen sehen?

a) Tom & Jerry und Tolle Sachen

Stefan

b) Winnie Puh und Disney Club

Christoph

c) Käpt'n Balu und Tabaluga

Frauke

Was würdest du dir aussuchen?

d)

5 Bille und Jan dürfen täglich höchstens 90 Minuten fernsehen.
Bille möchte den Film „Mein Hund Strolch" und Jan „Tom & Jerry" und „Die Maus" sehen.
Dürfen sie das?

6 Carsten hat sich von Thorsten den Film „Das fliegende Klassenzimmer" ausgeliehen.
Um 14.15 Uhr legt er die Kassette ein. Der Film dauert 1 Stunde und 55 Minuten.
Um 16.00 Uhr hat er Handball-Training.

7

Nina möchte den Film „Oliver Twist" sehen. Wie lange dauert er?	*Markus hat um 18.00 Uhr Fußball-Training. Er möchte gerne „Tabaluga" sehen.*	*Jana sieht „Winnie Puh", „Die Maus" und „Tolle Sachen". Wie lange hat sie heute ferngesehen?*

Zahlix und Zahline fahren mit dem Zug von Koblenz nach Frankfurt. Sie sitzen mit vier weiteren Personen in einem Abteil. Der Zug fährt durch einen Tunnel. Es wird dunkel im Abteil. Als es wieder hell ist, bemerkt die Frau, dass ihr Geldbeutel gestohlen wurde.
Zahlix und Zahline wissen sofort, wer der Dieb ist und machen sich auf die Suche nach ihm.

1 Weißt du auch, wer der Dieb ist?

2 Der Dieb hinterließ an seinem Platz einen Fahrschein.

> **FAHRSCHEIN**
> Koblenz – Frankfurt Flughafen

Wo ist er eingestiegen?

3 Auf dem Fahrtbegleiter sehen Zahlix und Zahline die Zugverbindungen.
Der Diebstahl geschah um 15.41 Uhr.
a) Wann ist der Dieb losgefahren?
b) Wie lange saß der Dieb schon im Zug?

4 Die Frau sagt, dass sie erst in Boppard eingestiegen ist. Wie lange saß sie im Zug bis der Diebstahl geschah?

5 Zahlix und Zahline machen sich auf die Suche nach dem Dieb. Beim nächsten Halt in Bingen können sie ihn nicht auf dem Bahnhof entdecken, also muss er noch im Zug sein.
Wie viel Zeit bleibt ihnen noch bis zum nächsten Halt den Dieb zu suchen?

Fahrtbegleiter

Koblenz Hbf ⟶
Frankfurt (Main) Hbf

Bahnhof	Ab	Ab	Ab
Koblenz Hbf	13:02	15:02	17:02
Boppard Hbf	13:22	15:22	17:22
Bingen (Rhein) Hbf	13:48	15:48	17:48
Mainz Hbf	14:10	16:10	18:10
Mainz Süd	14:13	16:13	18:13
Mainz-Bischofsheim	14:19	16:19	18:19
Rüsselsheim	14:23	16:23	18:23
Frankfurt (M) Flughafen Regionalbf.	14:36	16:36	18:36
Frankfurt-Niederrad	14:44	16:44	18:44
Frankfurt (Main) Hbf	14:49	16:49	18:49

6 Zahlix und Zahline treffen auf den Schaffner. Sie berichten ihm von dem Diebstahl und beschreiben den Täter. Der Schaffner ist sich sicher, den Dieb im letzten Waggon gesehen zu haben. Sie befinden sich gerade im dritten Waggon. Der Zug hat insgesamt 16 Waggons. Jeder Waggon ist 20 m lang. Zahlix und Zahline laufen in einer Minute 60 m. Schaffen sie es rechtzeitig vor dem nächsten Halt im 16. Waggon zu sein, um den Dieb zu fangen?

7 Zeichne die Tabelle ins Heft und berechne.

Abfahrt	15.45 Uhr	20.31 Uhr		5.43 Uhr	
Fahrzeit	55 min		1 h 25 min	2 h 32 min	2 h 33 min
Ankunft		21.12 Uhr	10.15 Uhr		13.13 Uhr

8 Besorgt euch einen Fahrplan aus eurer Umgebung und schreibt eigene Rechengeschichten.

115

1 Schreibe Pläne zu diesen Gebäuden.

a)
b)
c)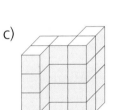
d)
e)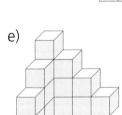

2 Hier wird es schwieriger.

a)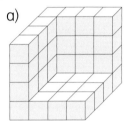
b)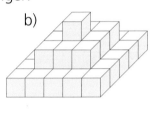
c)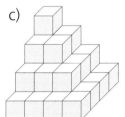
d)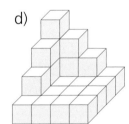
e)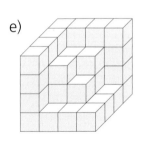

3 Baue nach diesen Plänen.

a)
```
3 2 1
2   2
1 2 3
```

b)
```
2
  3
    4
      3
        2
```

c)
```
3 3 3
3 3 3
3 3 3
```

d)
```
    3 2
  4 4
2 3
```

e)
```
4 3 2 1
4 3 2 1
```

f)
```
4 4 4
4 3 3
4 3 2
```

4 Einer baut, der andere schreibt den Plan. Dann tauscht die Rollen.

5 Baue Gebäude aus zehn Würfeln. Es soll aus vier Türmen bestehen. Die Türme sind verschieden hoch. Schreibe den Plan. (Es gibt viele Möglichkeiten.)

6 Eine Treppe mit fünf Stufen, immer zwei höher. Wie viele Würfel brauchst du?

Bauen nach Plan

Jan · Tim · Ines · Lea

1 Wer sieht es so?

a)   b)

c)   d)

2 Wer hat welchen Plan geschrieben? Welcher Plan fehlt?

```
a)   1
     1
 1 1 4 2 2
 1 1 3
     2
     1
```

```
b)     1 1
       1 1
 1 2 3 4 1 1
       2
       2
```

```
c)   1
     2
     3 1 1
 2 2 4 1 1
     1
     1
```

3

Spielt zu viert.
Baut ein Haus aus
Würfeln. Jeder sieht
es von einer anderen
Seite und schreibt
den Plan.

4 Baue das Haus nach
dem Plan.
Dann betrachte es von
einer anderen Seite
und schreibe den Plan.

```
a)   2 2
   3 3 3
     1 1
   2 2 3 3
```

```
b)     1
       2
   2 2 2
   3 3 3
       1
```

```
c)     2 2
       3 3
   3 2 2 3
       3 3
       2 2
```

5 Baue, dann schreibe einen Plan für
a) eine Mauer,   b) einen Turm,   c) eine Treppe,   d) eine Pyramide.
Dein Partner baut nach Plan und prüft nach.

6 Ordne. Was ist eine Mauer, ein Turm, eine Treppe, eine Pyramide, eine Zinne?
Prüfe nach durch Bauen.

a) 5   b) 3 3 3 3   c) 1 2 3 4 5

```
d) 1 1 1
   2 2 2
   3 3 3
```

```
e) 1 1 1
   1 2 1
   1 1 1
```

f) 1 2 3 2 1   g) 3 2 3 2 3

7 Wie viele verschiedene Quader kannst du mit 24 Würfeln bauen? Schreibe die Pläne.

8 Es soll ein Quader gebaut werden, der in jeder Richtung mehr als ein Würfel dick ist.
Schreibe einen Plan.
Zusammen sind es   a) 30 Würfel,   b) 20 Würfel,   c) 18 Würfel,   d) 25 Würfel.

9 Nehmt zehn Würfel. Einer baut, der andere schreibt den Plan.
Wie viele Gebäude findet ihr?

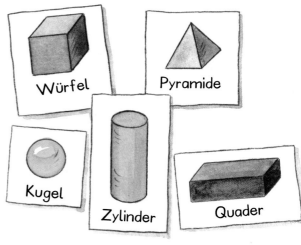

1 a) Was würdest du auf den Kugel-Tisch legen?

b) Was würdest du auf den Zylinder-Tisch legen?

2

Jch bin ein Kegel. Jch habe ___ Kante und ___ Ecke. Jch habe ___ Flächen.

Jch bin ein Zylinder. Jch habe ___ Kanten und ___ Flächen.

Jch bin eine Kugel. Jch habe …

Jch bin eine Pyramide. Jch habe ___ Kanten, ___ Ecken und ___ Flächen.

3 Wer bin ich? Manchmal gibt es mehrere Lösungen.

Meine Kanten sind alle gleich lang.

Jch kann rollen und stehen.

Jch habe 5 Ecken und 8 Kanten.

Alle meine Flächen sind Rechtecke.

Wenn du mich in der Mitte durchschneidest, siehst du eine Kreisfläche.

Jch habe 8 Ecken und 12 Kanten.

Jch habe nur eine Ecke.

 4 Beschreibe einen Körper, dein Partner errät ihn. Dann tauscht die Rollen.

5 Zahlix und Zahline haben diese Flächenformen gezeichnet.

a)  b) c) d)

Welche Körper könnten sie dazu verwendet haben?

1 Die Kinder haben auf jede Fläche der Würfel einen Punkt geklebt. Dann haben sie Würfelgebäude gebaut. Zahlix schreibt auf, wie viele Punkte zu sehen sind.

vorne	3
hinten	3
rechts	2
links	
oben	
Summe	

2 Wie viele Punkte sind insgesamt zu sehen? Schreibe auf wie Zahlix.

Ich weiß, wie viele Punkte überhaupt nicht zu sehen sind.

a)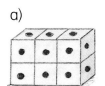

b)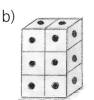

c)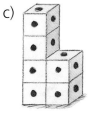

d)

3

a)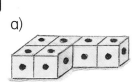

b)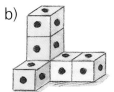

c)

d)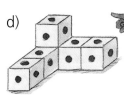

4 Alle Häuser aus acht Würfeln. Wie viele Punkte sind zu sehen?

a)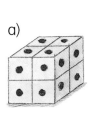

b)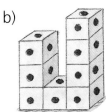

c)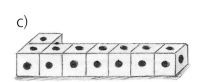

d)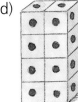

e)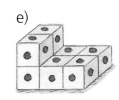

5 Nun umgekehrt. Baue selbst Häuser aus sechs Würfeln. So viele Punkte sind zu sehen:

	a	b	c	d
vorne	3	6	6	3
hinten	3	6	6	3
rechts	3	6	4	6
links	3	6	4	6
oben	6	1	3	4

6 Baue Häuser aus acht Würfeln. So viele Punkte sind zu sehen:

	a	b	c	d
vorne	5	6	8	7
hinten	5	6	8	7
rechts	2	3	3	4
links	2	3	3	4
oben	8	7	5	4

7

Kannst du mir auch sagen, wie viele Punkte nicht zu sehen sind?

Na klar! Wenn du mir sagst, wie viele Würfel du verbaut hast und wie viele Punkte insgesamt zu sehen sind.

Attraktionen der Pirateninsel

Piratenschiff

Kletterwand   Hüpfburg

Malecke

… und vieles mehr

1 a) Wann kann man die Pirateninsel in den Sommerferien besuchen?
b) Ist sie Ostern geöffnet?
c) Wann ist sie samstags und sonntags geöffnet? Wie lange?
d) Wann ist sie mittwochs geöffnet? Wie lange?

2 Anja und Lutz fahren mit ihren Eltern zur Pirateninsel.
a) Was können die Kinder dort tun?
b) Wie viel Euro Eintritt bezahlt die Familie?

3 Frau Henning begleitet ihre Kinder Kira und Jens und vier ihrer Freunde zur Pirateninsel.
Wie viel Euro Eintritt zahlen alle zusammen?

4 Tom und Ben sind neun Jahre alt. Sie fahren mit ihrer Mutter und ihrer zweijährigen Schwester Maria zur Pirateninsel.

5 Die Klasse 3a möchte einen Ausflug zur Pirateninsel machen. In der Klasse sind 23 Kinder.
a) Wie viel Euro Eintritt muss jedes Kind bezahlen?
b) Wie viel Euro Eintritt zahlen sie zusammen?

6 Aus der Nachbarschule wollen die Klassen 3b und 4a mitfahren. In der Klasse 3b sind 25 Kinder, in der Klasse 4a sind 27 Kinder.

7 Die Klasse 3c der Nachbarschule (28 Kinder) macht eine Woche später einen Ausflug zur Pirateninsel.

8 Der Schwimm-Verein fährt mit 14 Kindern zur Pirateninsel. Die Trainerin wählt den günstigsten Eintrittspreis für die Kinder.
Welche Karten kauft sie? Wie teuer ist der Eintritt?

 9 Die Fußball-E-Jugend fährt mit 19 Kindern zur Pirateninsel.
Welche Eintrittskarten sollen die Betreuer für die Kinder kaufen?

Öffnungszeiten

Mo. – Fr.:	13.30 – 19.00 Uhr
In der Ferienzeit:	ab 11.00 Uhr
Samstag, Sonn- und Feiertage:	10.00 – 19.00 Uhr

Eintrittspreise

Kinder (3 – 14 Jahre)	3,60 €
5er-Karte	17,00 €
10er-Karte	31,00 €
Erwachsene	6,20 €
5er-Karte	28,00 €
10er-Karte	52,00 €
Kinder unter 3 Jahren	frei
Schulklassen und Kindergärten pro Kind (gültig ab 20 Kinder)	3,00 €

1 Teamklettern an der Kletterwand:

a) Tina und Adrian haben ihre Kletterhöhen addiert. Es sind zusammen 6,80 m.
Tina ist 60 cm höher geklettert als Adrian. Wie hoch ist jedes Kind geklettert?

b) Jonas und Linus sind zusammen 7,20 m geklettert. Jonas ist 80 cm höher geklettert als Linus. Zeichne eine Skizze.

c) Welches Kind ist am höchsten geklettert?

2 Lena erzählt ihrer Mutter: „Tim und ich haben zusammen in der Hüpfburg 110 Sprünge geschafft. Ich habe aber 20 Sprünge mehr gemacht als Tim."
Zeichne eine Skizze.

3 Jan und Eva kaufen am Bäckerstand ein.
Wie viel Euro kostet ein Roggenbrötchen, wie viel ein Mohnbrötchen?

	Roggenbrötchen	Mohnbrötchen	Preis zusammen
Jan	🥐🥐🥐	🥐🥐🥐🥐	3,00 €
Eva	🥐🥐🥐	🥐	1,65 €
Unterschied		🥐🥐🥐	_____ €

4 Frau Färber kauft am Bäckerstand drei Stück Streuselkuchen und vier Berliner.
Sie zahlt dafür 8,20 €.
Herr Kunze kauft am gleichen Bäckerstand drei Stück Streuselkuchen und sechs Berliner.
Er zahlt dafür 9,60 €.
Wie viel Euro kostet ein Stück Streuselkuchen, wie viel ein Berliner?
Zeichne eine Skizze.

5 Wie viel Euro kostet eine Brezel, wie viel ein Schokobrötchen?

	Brezel	Schokobrötchen	Preis zusammen
Kathrin	🥨🥨	🍩🍩🍩	3,10 €
Lars	🥨	🍩🍩	1,80 €

6 Frau Keil füttert auf der Pirateninsel die zwei Pferde Tapsi und Carlos.
Tapsi frisst in zwei Tagen einen Ballen Heu,
Carlos frisst in drei Tagen einen Ballen Heu.
Frau Keil hat noch zehn Ballen.
Wie viele Tage reichen die zehn Ballen?
Zeichne eine Skizze.

Tage	1 2 3 4 5 6 7 8
Tapsi	
Carlos	

7 Die Kassiererin der Pirateninsel hat einen kleinen und einen großen Hund.
Der kleine Hund frisst in vier Tagen einen Beutel Futter, der große Hund frisst in drei Tagen einen Beutel. Die Kassiererin hat noch 14 Beutel.
Wie viele Tage reichen die Beutel?
Zeichne eine Skizze.

Zahlen-rätsel

1

a)
```
   1001
988 + ___
955 + ___
880 + ___
```

b)
```
   1001
893 + ___
607 + ___
 64 + ___
```

c)
```
   1001
___ + 15
___ + 51
___ + 76
```

d)
```
   1001
___ + 450
___ + 661
___ + 972
```

8   13   29   46   108   121   340   394   551   925   937   950   986

a) Meine Zahl ist um 11 kleiner als 1001.

b) Meine Zahl ist um 111 kleiner als 1001.

c) Wenn du zu meiner Zahl 555 addierst, erhältst du 1001.

d) Wenn du zu meiner Zahl 707 addierst, erhältst du 1001.

e) Wenn du meine Zahl halbierst und dann 801 addierst, erhältst du 1001.

f) Wenn du meine Zahl verdoppelst dann 401 addierst, erhältst du 1001.

g) Meine Zahl hat die Quersumme 10. Wenn du meine Zahl von 1001 subtrahierst, erhältst du eine Zahl unter 100.

2 Für Einmaleins-Artisten.
Alle vier Ergebnisse zusammen ergeben 1001.

a) 11 · 9 · 4
    11 · 9 · 3
    11 · 4 · 4
    11 · 4 · 3

b) 11 · 9 · 2
    11 · 9 · 5
    11 · 2 · 4
    11 · 4 · 5

c) 2 · 11 · 6
    2 · 11 · 7
    5 · 11 · 6
    5 · 11 · 7

d) 3 · 8 · 11
    4 · 8 · 11
    5 · 4 · 11
    5 · 3 · 11

3 Rechne geschickt. In welcher Reihenfolge multiplizierst du?
Alle drei Ergebnisse zusammen ergeben 1001.

a) 2 · 12 · 5
    8 · 25 · 4
    3 · 9 · 3

b) 2 · 37 · 5
    3 · 11 · 7
    8 · 25 · 2

c) 3 · 15 · 4
    7 · 25 · 3
    4 · 37 · 2

d) 5 · 21 · 4
    7 · 83 · 1
    6 · 76 · 0

4 Du kannst anfangen, wo du willst!

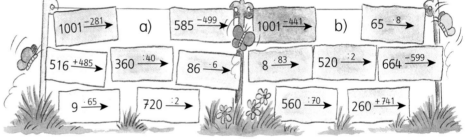

a) 1001 —281→   585 —499→   1001 —441→   b) 65 —·8→
516 —+485→ 360 —:40→ 86 —·6→   8 —83→ 520 —:2→ 664 —599→
9 —·65→   720 —:2→   560 —:70→ 260 —+741→

5 Alle vier Ergebnisse zusammen ergeben 1001.

a) 5 · 70 + 26
    3 · 40 + 57
    4 · 20 + 32
    9 · 30 + 66

b) 50 · 4 − 12
    60 · 5 − 15
    40 · 8 − 17
    30 · 8 − 15

c) 9 · 40 − 61
    7 · 60 − 25
    5 · 30 − 64
    4 · 80 − 99

6 Geheimnisvolle Rechentürme.

Eine Lösungszahl bleibt übrig. Findest du dazu ein Rätsel?

294   446
300   890
335   910
400   990

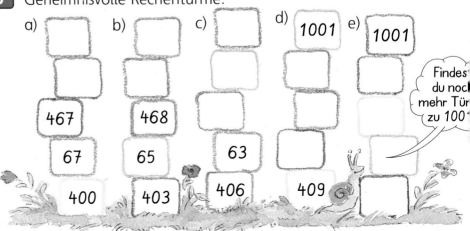

a)   b)   c)   d) 1001   e) 1001

Findest du noch mehr Tür zu 100?

a) 467 / 67 / 400
b) 468 / 65 / 403
c) 63 / 406
d) 409

Dividieren mit Rest

1 Kennst du noch Mini, die Springmaus? Sie macht 6er-Sprünge. Sie will bis 200 springen. Wie viele Sprünge macht sie? Erreicht sie genau die Zahl 200?

> Erst zur Maxi-Zahl, dann noch weiter.

2 0 0	:	6	=	3 3	Rest	2
1 8 0	:	6	=	3 0		
2 0	:	6	=	3	Rest	2

> 2 bleibt als Rest.

erst 30 Sprünge   noch 3 Sprünge   Rest

0   180   198 200

2
a) 375 : 6
   440 : 6
   285 : 6

b) 150 : 4
   298 : 4
   333 : 4

c) 192 : 5
   388 : 5
   229 : 5

d) 253 : 3
   116 : 3
   200 : 3

37 R 2   38 R 2   38 R 2   44 R 2   45 R 4   47 R 3   62 R 3   66 R 2   73 R 2   74 R 2   77 R 3   83 R 1   84 R 1

3 Welche Zahlen kommen jeweils als Reste vor?
a) Dividiere durch 3:   140   153   88   250   277   192   310   202
b) Dividiere durch 4:   313   352   258   195   348   369   238   271
c) Dividiere durch 6:   259   338   525   496   407   504   337   446

4 Die Zehner-Reste und die Fünfer-Reste erkennt man gleich.
a) Dividiere durch 10:   96   183   425   637   699   712   834   911   580
b) Dividiere durch 5:   88   177   314   281   424   233   325   446   282

5
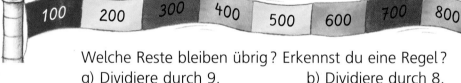

Welche Reste bleiben übrig? Erkennst du eine Regel?
a) Dividiere durch 9.   b) Dividiere durch 8.

6 Herr Mainz schneidet in seiner Gärtnerei 200 frische Nelken. Frau Mainz bindet daraus Sträuße mit sieben Nelken. Wie viele Sträuße gibt es? Wie viele Nelken bleiben übrig?

7 Petra hilft ihren Eltern bei der Arbeit. Sie verteilt 150 Stiefmütterchen auf acht Blumenkästen.

8 Herr Mainz hat neun Blumenkästen auf dem Markt verkauft. Er hat dafür 130,50 Euro eingenommen.

9 Was fällt auf?

b) Dividiere die Zahlen der Zwölfer-Reihe durch 9.

> Da gibt es viel zu entdecken.

a) Dividiere die Zahlen der Elfer-Reihe durch 3.

c) Dividiere die Zahlen der 30er-Reihe durch 8.

d) Dividiere die Zahlen der 20er-Reihe durch 11.

☞ Weitere Übungen Seite 136

Schätzen

1 Wie viele Zuschauer sind auf dem Bild zu sehen?

2 Wie viele Personen sitzen in einer Reihe? Wie viele in drei Reihen?

3 In einer Reihe zwischen zwei Treppen sind 55 Sitzplätze. In einem Block sind 20 solcher Reihen. Wie viele Plätze sind in einem Block?

Reihen	1	2	20
Plätze	55		

Reihen	1	10	20
Plätze	55		

 4 Im Stadion sind 25 Blöcke.

Kombinieren

1 Theresa, Anna und Lisa spielen gegen Lars, Felix, Tom und Marius Tischtennis. Jedes Mädchen gegen jeden Jungen. Wie viele Spiele gibt es? Schreibe alle Möglichkeiten auf. Schreibe auch die Mal-Aufgabe dazu.

Theresa   Anna   Lisa

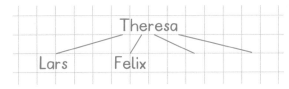

Lars   Felix   Tom   Marius

2 Am Nachmittag spielten fünf Mädchen gegen Jungen Tischtennis. Jedes Mädchen spielte gegen jeden Jungen. Insgesamt gab es 15 Spiele. Wie viele Jungen spielten mit?

3 Beim Turnier spielte jedes Mädchen gegen jeden Jungen. Insgesamt gab es 18 Spiele. Wie viele Jungen und viele Mädchen spielten mit. Es gibt mehrere Möglichkeiten.

4 Für ein Foto wollen sich Zahlix, Zahline und Eva nebeneinander stellen. Wie viele Möglichkeiten gibt es?

5 Achim will auch mit auf das Foto. Wie viele Möglichkeiten gibt es, sich nebeneinander zu stellen?

6 Nimm drei Ziffernkärtchen. Wie viele dreistellige Zahlen kannst du damit legen? Schreibe sie alle auf.

7 Nimm einen roten, einen grünen, einen gelben und einen blauen Legostein. Wie viele verschiedene Türme aus diesen vier Steinen kannst du bauen? Zeichne die Türme.

8 Dieses Haus aus zwei Teilen soll ausgemalt werden.

a) Wie viele Möglichkeiten gibt es, wenn du zwei Farben benutzen darfst (Dach und Unterteil dürfen auch gleichfarbig sein)?

b) Nun darfst du drei verschiedene Farben benutzen, Dach und Unterteil dürfen auch gleich sein. Male.

c) Wieder drei Farben – jetzt sollen Dach und Unterteil immer verschiedene Farben haben. Male.

1 Würfele dreißigmal mit einem Würfel.
Deine Partnerin macht einen Strich
für die Augenzahl.
Was vermutest du?
Welche Zahl kommt am häufigsten vor?

⚀	⚁	⚂	⚃	⚄	⚅

 2 Tragt alle Ergebnisse der Gruppen zusammen. Was stellt ihr fest?

 3 Partnerspiel: Plättchen sammeln

Spielregeln:
– Legt 30 Plättchen auf den Tisch.
– Jeder Spieler sucht sich eine Gewinnkarte aus.
– Jeder Spieler führt mit dem Würfel oder der Reißzwecke jeweils 30 Versuche durch.
– Tritt das Ereignis auf der Gewinnkarte ein, dürfen sich die Spieler ein Plättchen nehmen.
– Gewonnen hat der Spieler mit den meisten Plättchen.
– Abschließend schreiben die Spieler zu jeder Gewinnkarte die Anzahl der gewonnenen
  Plättchen auf.

Spiel A: Mit einem Würfel würfeln

Gewinnkarte 1
Du hast gewonnen, wenn alle Würfel-
augen größer als 4 sind.

Gewinnkarte 2
Du hast gewonnen, wenn alle Würfel-
augen kleiner als 5 sind.

Spiel B: Mit einem Würfel würfeln

Gewinnkarte 1
Du hast gewonnen, wenn alle Würfel-
augen gerade sind.

Gewinnkarte 2
Du hast gewonnen, wenn alle Würfel-
augen ungerade sind.

Spiel C: Reißzwecke werfen

Gewinnkarte 1
Du hast gewonnen, wenn die Reißzwecke schräg liegt.

Gewinnkarte 2
Du hast gewonnen, wenn die Reißzwecke auf der Fläche liegt.

4 a) Jahrmarkt: Am Glücksrad gewinnt, wer auf das gelbe Feld kommt.
Zahlix überlegt, zu welchem Glücksrad er gehen sollte.

Hoffentlich
gewinne ich!

1   2   3   4   5

b) Zu welchem Glücksrad würdest
   du gehen,
   – wenn blau gewinnt?
   – wenn rot gewinnt?

c) Rot gewinnt. Bei welchen Glücksrädern
   ist der Gewinn
   – sicher?
   – möglich?
   – unmöglich?

---

1 Lege mit Rechengeld. Löse wie die beiden Kinder.

a) 687 € – 469 €   b) 243 € – 127 €   c) 566 € – 384 €   d) 245 € – 163 €
    742 € – 316 €   874 € – 256 €   566 € – 348 €   245 € – 136 €

2 Markus rechnet in der Stellentafel. Verstehst du die Sprech- und Schreibweise?
Zuerst die Einer,   dann die Zehner,   dann die Hunderter.

3

a)

H	Z	E
8	9	1
– 4	2	7

b)

H	Z	E
6	7	2
– 2	5	4

c)

H	Z	E
7	2	5
– 1	6	3

d)

H	Z	E
5	7	4
– 3	6	8

e)

H	Z	E
8	3	5
– 2	6	1

206   312   418   464   562   574

4 Schreibe untereinander, dann rechne.

a) 534 – 225   b) 871 – 374   c) 934 – 527   d) 722 – 191
    645 –   82   693 – 495   738 –   55   653 – 362

198   291   309   407   497   504   531   563   683

1 Achte auf die Sprechweise.

2 a)
```
  6 3 2
- 2 7 8
```
b)
```
  4 2 6
- 2 3 8
```
c)
```
  7 2 4
- 3 4 7
```
d)
```
  5 2 1
- 3 7 9
```
e)
```
  8 3 5
- 4 6 8
```

3
a) 523 − 276   b) 641 − 396   c) 812 − 427   d) 634 − 286   e) 742 − 478   f) 926 − 569   g) 714 − 358

126   245   247   264   348   356   357   385

4 Schreibe untereinander, dann rechne.

a) 712 − 654   b) 528 − 499   c) 917 − 298   d) 177 − 99
346 − 278   648 − 559   354 − 165   448 − 279

29   58   68   78   89   169   189   191   619

5 Immer zuerst den Hunderter, dann den Zehner herüber.

a) 802 − 476   b) 604 − 257   c) 702 − 538   d) 503 − 368   e) 906 − 448   f) 307 − 189

118   135   164   326   347   447   458

6
a) 703 − 126   b) 805 − 277   c) 902 − 638   d) 405 − 149   e) 600 − 438   f) 900 − 573

162   256   264   327   427   528   577

7 Schreibe untereinander, dann rechne.

a) 608 − 452   b) 534 − 205   c) 904 − 597   d) 701 − 186
409 − 236   645 − 82   738 − 255   653 − 317
907 − 469   806 − 273   607 − 152   805 − 218

156   173   307   329   336   438   455   483   515   533   563   577   587

1 zu Seite 6

a) 47 + 15 + 3
28 + 46 + 2
53 + 28 + 7

b) 59 + 17 + 11
34 + 27 + 16
56 + 17 + 24

c) 25 + 38 + 15
37 + 26 + 33
46 + 26 + 14

d) 17 + 17 + 33
26 + 18 + 14
48 + 24 + 22

58   65   67   76   77   78   86   87   88   94   96   97   99

2 a)

+26 →	
35	
	43
48	

b)

+18 →	
58	
64	
	91

c)

+29 →	
	47
39	
46	

d)

+36 →	
26	
	84
	93

17   18   48   57   61   62   68   72   73   74   75   76   82   91

3 zu Seite 7

a) 83 − 5 − 3
72 − 9 − 2
67 − 8 − 7

b) 95 − 8 − 15
47 − 9 − 27
86 − 8 − 36

c) 74 − 15 − 4
82 − 27 − 2
96 − 49 − 6

d) 55 − 13 − 25
67 − 29 − 37
84 − 38 − 14

1   11   17   32   41   42   51   52   53   55   61   72   75

4 a)

−17 →	
39	
	52
63	

b)

−48 →	
97	
82	
	38

c)

−26 →	
	55
64	
41	

d)

−35 →	
52	
	38
	49

15   17   22   34   38   46   49   67   69   73   84   86

5 zu Seite 11

a) 50 : 5
72 : 8
48 : 6

b) 49 : 7
64 : 8
81 : 9

c) 60 : 6
56 : 7
45 : 5

d) 36 : 6
42 : 7
45 : 9

e) 80 : 8
9 : 9
14 : 7

f) 27 : 3
36 : 4
40 : 5

6 a) 56 : 8
32 : 4
36 : 9

b) 18 : 6
27 : 9
42 : 6

c) 24 : 4
24 : 8
24 : 6

d) 20 : 5
63 : 7
48 : 8

e) 70 : 7
18 : 2
54 : 9

f) 12 : 3
36 : 9
8 : 8

7 a) 9 · 4 + 4
8 · 7 + 3
8 · 9 − 4
7 · 7 − 6

b) 10 · 8 + 16
9 · 9 + 12
7 · 8 − 18
6 · 6 − 29

c) 36 : 6 + 35
42 : 7 + 56
45 : 9 + 42
64 : 8 + 74

d) 36 : 4 + 27
56 : 8 + 32
72 : 9 + 66
48 : 6 + 48

7   36   38   39   40   41   43   47   54   56   59   62   68   74   82   93   96

8 zu Seite 12

a) 4 ... 12
b) 6 ... 48
c) 6 ... 36
d) ... 72
e) ... 49

9 Zahlenrätsel.

22   32   37   46   65

a) Addiere zu 32 noch 29. Subtrahiere von dem Ergebnis 15.

b) Addiere zu 17 den Unterschied von 70 und 50.

c) Multipliziere 9 und 8. Subtrahiere davon 16.

d) Dividiere 42 durch 7. Multipliziere noch mit 4.

1
zu Seite 17

a) 96 + 4
96 + 5
96 + 9
100   100   101

b) 92 + 8
92 + 9
92 + 10
101   102   102

c) 95 + 7
97 + 7
99 + 7
102   103   103   104

d) 96 + 6
98 + 8
99 + 9
105   106   106

e) 93 + 10
97 + 10
99 + 10
107   108   109

2

a) 106 − 6
106 − 7
106 − 9
95   95   96

b) 107 − 7
107 − 9
107 − 10
96   96   97

c) 101 − 5
103 − 8
105 − 9
97   98   98   98

d) 108 − 8
107 − 9
106 − 7
99   99   99

e) 104 − 9
106 − 8
103 − 7
100   100   100

3

a) 60 + 40
60 + 50
60 + 60
100   100   100

b) 70 + 30
70 + 40
70 + 60
110   110   110

c) 80 + 50
70 + 50
60 + 50
120   120   120

d) 40 + 60
50 + 70
60 + 80
130   130   140   140

e) 90 + 90
80 + 80
70 + 70
150   160   180

4

a) 130 − 30
130 − 50
130 − 80
50   50   60

b) 140 − 40
140 − 60
140 − 80
60   70   70

c) 150 − 60
150 − 70
150 − 80
80   80   80   80

d) 120 − 60
140 − 70
160 − 80
80   80   90

e) 110 − 30
120 − 40
140 − 50
90   100   100

5 Wie heißen die Zahlen?
zu Seite 21

a) ☐ ☐ ☐ ⬭⬭⬭ ..

b) ☐ ⬭⬭⬭ ....

c) ☐ ☐ ☐ ⬭⬭⬭⬭⬭⬭ ....

d) ☐ ☐ ⎯ .....

e) ☐ ☐ ☐ ☐ ...

f) ☐ ☐ ⬭⬭

6 Schreibe in Geheimschrift.

a) 3 H + 2 Z + 3 E
3 H + 3 Z + 2 E

b) 6 H + 4 E
6 H + 4 Z

c) 3 H + 2 Z + 4 E
4 H + 5 Z + 2 E

d) 4 Z + 4 E
4 H + 4 E

7 Welche Zahlen sind es?

a) 4 H + 2 Z + 6 E
4 H + 6 Z + 2 E
4 H + 2 Z + 2 E
4 H + 6 Z + 6 E

b) 6 H + 4 Z + 6 E
8 H + 6 Z + 4 E
7 H + 3 Z + 3 E
9 H + 1 Z + 9 E

c) 1 H + 1 Z + 1 E
9 H + 9 Z + 2 E
8 H + 4 Z + 4 E
6 H + 6 Z + 6 E

d) 6 H + 3 Z
6 H + 3 E
3 H + 6 Z
3 H + 6 E

8 Hier musst du umwandeln.

a) 2 H + 11 Z
3 H + 14 Z

b) 1 H + 12 Z + 3 E
2 H + 17 Z + 8 E

c) 1 H + 10 Z + 3 E
2 H + 18 Z + 9 E

d) 2 H + 12 Z + 14 E
6 H + 14 Z + 11 E

9 Bilde dreistellige Zahlen und ordne sie der Größe nach.
zu Seite 22

a) Ziffern 1, 4, 7.

b) Ziffern 2, 5, 8.

c) Ziffern 0, 9, 7.

10 Ordne die Zahlen der Größe nach, beginne mit der kleinsten.

a) 783   378   587   578   738   837

b) 481   418   438   482

c) 614   616   641   418   624   713

d) 526   625   652   528

Zahlen bis 1000

1 Welche Zahlen fehlen?

zu Seite 25

a) 362 … | 3 6 2 3 6 3 3 6 4 / 3 7 2 3 7 3   b) 944   c) 425

2 a) 576   b) 124   c) 366   d) 957

3 *zu Seite 28*

a) < | 156 516 546 718 613 165 → 1 5 6 < 7 1 8

b) < | 473 482 273 243 441 423

c) > | 908 984 940 980 948 975

d) > | 708 864 910 807 780 921

e) > | 340 460 653 678 666 430

f) < | 272 276 722 726 728 227

4 Vor und zurück zu den Nachbarzehnern. Schreibe wie im Beispiel.

zu Seite 29

a) 574 342   b) 121 284   c) 987 873   d) 846 712   e) 604 597

5 7 4 + 6 = 5 8 0
5 7 4 − 4 = 5 7 0

5
a) 196 + 7 / 297 + 5 / 394 + 8
b) 598 + 6 / 196 + 8 / 898 + 4
c) 293 + 8 / 795 + 6 / 493 + 9
d) 902 − 6 / 404 − 8 / 501 − 7
e) 803 − 9 / 502 − 5 / 301 − 6
f) 705 − 7 / 202 − 4 / 901 − 3

198 203 204 295 301 302 396 402 403 494 497 502 604 698 794 801 896 898 902

6 *zu Seite 30*

a) 431 413 314 + 300 30 3
b) 665 515 656 + 200 30 4

317 344 416 434 443 461 519 545 614 660 669 686 695 713 715 723 731 856 865

7
a) 483 + ___ = 683 / 482 + ___ = 484 / 483 + ___ = 493
b) 327 + ___ = 329 / 321 + ___ = 621 / 329 + ___ = 379
c) 608 + ___ = 648 / 608 + ___ = 708 / 608 + ___ = 609
d) 453 + ___ = 473 / 651 + ___ = 659 / 556 + ___ = 756

8
a) 784 666 976 − 400 40 4
b) 983 888 759 − 400 50 3

266 359 384 488 576 583 626 662 709 744 756 780 809 838 885 933 936 972 980

9
a) 784 − ___ = 584 / 786 − ___ = 746 / 789 − ___ = 781
b) 641 − ___ = 621 / 647 − ___ = 247 / 649 − ___ = 642
c) 983 − ___ = 683 / 987 − ___ = 984 / 991 − ___ = 791
d) 849 − ___ = 809 / 741 − ___ = 541 / 948 − ___ = 942

132

1
zu Seite 38

a) 825 + 32
643 + 54
975 + 22

b) 541 + 27
464 + 31
343 + 56

c) 945 + 54
945 + 35
945 + 37

d) 623 + 37
623 + 39
623 + 41

e) 477 + 16
942 + 29
535 + 65

399 493 495 568 600 660 662 664 668 697 857 971 980 982 997 999

2 a) 717 | 449 (+) 22 | 35 | 44   b) 536 | 628 (+) 23 | 55 | 46

471 484 493 559 582 591 593 651 674 683 739 752 761

3
zu Seite 39

a) 586 – 31
643 – 42
767 – 54

b) 666 – 55
948 – 27
784 – 33

c) 853 – 33
853 – 34
853 – 37

d) 963 – 43
963 – 44
963 – 45

e) 474 – 56
546 – 38
693 – 27

418 508 555 601 608 611 666 713 751 816 819 820 918 919 920 921

4 a) 675 | 584 (–) 55 | 44 | 66   b) 283 | 668 (–) 23 | 34 | 45

238 249 260 518 529 540 549 609 620 623 631 634 645

5 Hänge auf die Wäscheleine. Du kannst anfangen, wo du willst.

a) 747 — 25 →   788 — 73 →   583 — 37 →   b) 598 — 39 →
748 — 41 →   734 + 13 →   715 + 33 →   517 + 48 →   559 + 24 →   565 — 16 →
789 — 55 →   722 + 66 →   549 + 49 →   546 — 29 →

6
zu Seite 41

a) 240 | 309 | 460 (+) 300 | 80 | 37   b) 380 | 490 | 652 (+) 200 | 50 | 88

277 320 346 389 430 468 497 540 540 578 580 609 690 702 709 740 740 760 852

7 a) 260 + 320
460 + 530
180 + 740

b) 370 + 610
280 + 420
650 + 270

c) 390 + 640
240 + 520
670 + 280

d) 450 + 480
790 + 250
660 + 330

e) 250 + 690
580 + 360
440 + 580

8
zu Seite 43

Achte auch auf Wecker-Aufgaben.

a) 550 | 493 | 222 (–) 200 | 80 | 23   b) 630 | 599 | 420 (–) 300 | 70 | 49

22 120 142 199 299 299 330 350 350 371 399 413 470 470 527 529 550 560 581

9 a) 490 – 210
570 – 550
840 – 360

b) 880 – 390
720 – 410
510 – 360

c) 340 – 180
820 – 330
740 – 290

d) 440 – 260
630 – 390
810 – 460

e) 730 – 340
920 – 690
830 – 560

10

a) 420 – 200 + 90
628 – 200 + 41
834 – 400 + 54

b) 270 + 80 – 150
416 + 84 – 320
624 + 63 – 120

c) 625 + 42 + 200
322 + 68 + 320
134 + 36 + 470

180 200 310 469 488 540 640 667 710 867

1
zu Seite 45

a) 164 + 44
164 + 64
164 + 94

b) 286 + 33
286 + 53
286 + 73

c) 867 + 54
867 + 74
867 + 94

d) 269 + 48
857 + 85
176 + 75

e) 783 + 48
458 + 58
668 + 77

203   208   228   251   258   317   319   339   359   516   745   831   921   941   942   961

2 a) 108 − 26
108 − 46
108 − 76

b) 847 − 62
847 − 72
847 − 92

c) 334 − 56
334 − 76
334 − 86

d) 822 − 44
356 − 88
117 − 39

e) 842 − 74
738 − 89
442 − 67

32   62   78   82   248   258   268   278   375   649   755   768   775   778   785   795

3 a)

| 141 | 272 | 364 | + | 44 | 86 | 77 |

b)

| 683 | 924 | 718 | − | 46 | 64 | 87 |

4
zu Seite 47

a) 3,60 € + 2,10 €
4,70 € + 2,40 €
6,40 € + 1,80 €
4,80 € + 3,10 €

b) 4,80 € + 4,70 €
6,30 € + 2,90 €
5,60 € + 3,20 €
1,90 € + 6,70 €

c) 6,30 € + 2,60 € + 1,10 €
3,40 € + 5,70 € + 0,40 €
1,80 € + 4,40 € + 3,30 €
2,70 € + 1,20 € + 4,60 €

5 a) 9,70 € − 3,40 €
8,20 € − 4,10 €
7,40 € − 5,20 €
4,60 € − 2,70 €

b) 5,80 € − 2,90 €
3,70 € − 1,60 €
8,60 € − 3,40 €
9,20 € − 6,30 €

c) 9,40 € − 2,70 € − 1,40 €
8,30 € − 6,50 € − 0,70 €
7,50 € − 3,80 € − 2,40 €
9,70 € − 4,50 € − 1,80 €

6
zu Seite 52
Kerstins Fahrrad sollte 520 € kosten. Jetzt ist es ein Sonderangebot und kostet nur 480 €.

7 Bernds Fahrrad hat 640 € gekostet. Davon hat er 550 € selbst bezahlt.
Den Rest hat ihm seine Patentante geschenkt.

8 a) 550 + ____ = 620
780 + ____ = 850
360 + ____ = 440

b) 890 + ____ = 970
150 + ____ = 230
470 + ____ = 510

c) 530 − ____ = 480
620 − ____ = 550
940 − ____ = 870

d) 750 − ____ = 680
360 − ____ = 270
410 − ____ = 330

9 a) 397 + ____ = 402
195 + ____ = 204
896 + ____ = 903

b) 493 + ____ = 501
598 + ____ = 606
797 + ____ = 804

c) 902 − ____ = 898
403 − ____ = 397
205 − ____ = 198

d) 707 − ____ = 699
805 − ____ = 797
604 − ____ = 596

10
zu Seite 65

a)   345
+ 233

b)   455
+ 143

c)   253
+ 246

d)   247
+ 302

e)   421
+ 332

f)   503
+ 242

g)   345
+ 434

499   549   559   578   598   745   753   779

11 Schreibe untereinander, dann addiere.

a)

| 209 | 348 | 194 | + | 487 | 383 | 596 |

b)

| 678 | 494 | 561 | + | 256 | 322 | 198 |

1 *zu Seite 69*

a) 2,55 € + 6,85 €
1,59 € + 0,79 €
3,47 € + 1,12 €

b) 2,23 € + 4,76 €
4,58 € + 2,07 €
3,07 € + 4,15 €

c) 6,46 € + 3,09 €
2,17 € + 6,85 €
5,15 € + 3,95 €

2,38 €   3,29 €   4,59 €   6,65 €   6,99 €   7,22 €   9,02 €   9,10 €   9,40 €   9,55 €

2 *zu Seite 76*

a) 270 g + 340 g
480 g + 210 g
360 g + 640 g

b) 610 g + 360 g
190 g + 720 g
380 g + 440 g

c) 1000 g − 250 g
1000 g − 630 g
1000 g − 840 g

3

a) 750 g + ____ g = 1 kg
325 g + ____ g = 1 kg
448 g + ____ g = 1 kg

b) 588 g + ____ g = 1 kg
213 g + ____ g = 1 kg
901 g + ____ g = 1 kg

c) 179 g + ____ g = 1 kg
95 g + ____ g = 1 kg
637 g + ____ g = 1 kg

4 *zu Seite 81*

a) 4 · 60
6 · 60
8 · 60

b) 2 · 80
5 · 80
7 · 80

c) 3 · 90
7 · 90
9 · 90

d) 2 · 70
4 · 70
6 · 70

e) 3 · 50
5 · 50
7 · 50

120   140   150   160   240   250   270   280   350   360   400   420   480   560   630   810

5

a) 7 · 60
5 · 30
6 · 80

b) 7 · 70
4 · 80
9 · 70

c) 9 · 50
5 · 90
8 · 20

d) 6 · 90
8 · 80
9 · 40

e) 3 · 80
7 · 40
9 · 30

150   160   240   270   280   320   360   420   450   450   480   490   540   630   640   740

6

a) 240 = ____ · 80
480 = ____ · 80

b) 240 = ____ · 60
480 = ____ · 60

c) 700 = ____ · 70
350 = ____ · 70

d) 360 = ____ · 90
630 = ____ · 90

7 *zu Seite 83*

a) 4 · 11
5 · 12
7 · 13

b) 3 · 14
5 · 17
2 · 16

c) 18 · 3
17 · 7
12 · 8

d) 19 · 5
16 · 7
18 · 9

e) 18 · 5
14 · 7
11 · 8

22   32   42   44   54   60   85   88   90   91   95   96   98   112   119   162

8

a) 4 6 8 · 14 17 12

b) 3 5 8 · 13 15 18

36   39   45   48   54   56   65   68   72   75   84   90   96   102   104   112   120   136   144

9 *zu Seite 84*

a) 4 · 21
5 · 25
3 · 24

b) 4 · 32
6 · 34
5 · 37

c) 5 · 54
3 · 56
8 · 58

d) 6 · 73
5 · 75
7 · 77

e) 6 · 47
9 · 58
7 · 89

72   84   125   128   168   178   185   204   270   282   375   438   464   522   539   623

10

a) 74 · 3
37 · 5
65 · 4

b) 43 · 4
37 · 3
24 · 6

c) 83 · 5
65 · 6
83 · 4

d) 64 · 3
48 · 6
53 · 7

e) 94 · 5
72 · 8
55 · 4

111   144   172   185   192   220   222   224   260   288   332   371   390   415   470   576

11

a) 4 6 9 · 26 43 64

b) 3 5 8 · 35 52 73

104   105   106   156   156   172   175   219   234   256   258   260   280   365   384   387   416   576   584

1 *zu Seite 88*
a) 540 : 9
720 : 8
560 : 7

b) 180 : 9
360 : 4
630 : 9

c) 280 : 7
250 : 5
640 : 8

d) 400 : 5
900 : 9
250 : 5

e) 360 : 6
240 : 4
490 : 7

2
a) 540 : 60
400 : 40
150 : 30

b) 350 : 70
80 : 20
180 : 90

c) 160 : 40
280 : 70
250 : 50

d) 240 : 30
480 : 80
140 : 20

e) 150 : 50
360 : 40
270 : 90

3 *zu Seite 89*
a) 86 : 2
74 : 2
58 : 2

b) 51 : 3
45 : 3
78 : 3

c) 48 : 4
64 : 4
96 : 4

d) 65 : 5
95 : 5
66 : 6

e) 99 : 3
72 : 4
84 : 6

11 12 13 14 15 16 17 18 19 24 26 29 33 36 37 43

4
a) 190 : 5
496 : 8
504 : 7

b) 279 : 9
366 : 6
189 : 3

c) 455 : 7
568 : 8
783 : 9

d) 208 : 4
196 : 2
594 : 6

e) 287 : 7
504 : 8
375 : 5

31 38 41 52 61 62 63 63 65 71 72 73 75 87 98 99

5 *zu Seite 90*

a) (27,60 € | 46,80 €) : (3 | 4 | 6)

b) (18,90 € | 37,80 €) : (3 | 9 | 2)

2,10 € 4,20 € 4,60 € 6,30 € 6,90 € 7,80 € 8,20 € 9,20 € 9,45 € 11,70 € 12,60 € 15,60 € 18,90 €

6 *zu Seite 101*
a) 725 − 218
b) 826 − 354
c) 917 − 555
d) 635 − 318
e) 412 − 275
f) 704 − 531
g) 623 − 281

137 172 173 317 342 362 472 507

7 Schreibe untereinander, dann subtrahiere.

a) (1000 | 784 | 921) − (163 | 247 | 587)

b) (923 | 676 | 866) − (555 | 609 | 175)

67 121 197 311 314 334 368 413 501 501 537 601 621 674 691 748 753 758 837

8 *zu Seite 105*
a) 9,85 € − 3,76 €
4,17 € − 2,25 €
6,38 € − 4,75 €

b) 8,70 € − 3,05 €
4,98 € − 2,17 €
6,25 € − 3,75 €

c) 9,46 € − 3,75 €
8,73 € − 6,98 €
7,35 € − 2,95 €

1,63 € 1,75 € 1,92 € 2,50 € 2,81 € 4,40 € 5,65 € 5,71 € 6,09 € 7,09 €

9 *zu Seite 123*
a) 425 : 6
373 : 7
185 : 9

b) 170 : 4
398 : 9
407 : 8

c) 534 : 6
727 : 8
563 : 7

d) 121 : 2
333 : 4
516 : 6

e) 357 : 7
426 : 8
293 : 7

Aktivitäten an der Stellentafel

Die Stellentafel auf der Rückseite kann an vielen Stellen im Verlauf des Arithmetik-Unterrichts der Klasse 3 eingesetzt werden – sowohl zur Unterstützung im Förderunterricht als auch für herausfordernde Lernspiele. Dabei können die Ziffern entweder auf Wendeplättchen (als Ersatz für Ziffernkärtchen) geschrieben und diese Ziffernplättchen je nach Spielform auf die Felder der Stellentafel gelegt werden oder mit einem abwaschbaren Zauberstift direkt in die Stellentafel eingetragen werden. Der Vorteil der Ziffernplättchen ist die leichtere Veränderbarkeit bei einer neuen Idee oder nach einem erkannten Fehler. Spielideen finden Sie auf den Seiten 22 und 73 und im Praxisbegleiter.